SATO Yoshinori

佐藤義典

顧客の「買いたい」をつくる

KPI
Key
Performance
Indicator

マーケティング

朝日新聞出版

マーケティングや営業部門のＫＰＩの現実

こんにちは！　本書を手に取ってくださり、ありがとうございます。

本書は、マーケティングや営業などの「売上」に責任を持つ方々が、どんな指標を追いかけていけば売上が上がるのか、その「追うべき指標」をどのように設定するべきか、について考えていく本です。

最近は、ＫＰＩ（Key Performance Indicator：重要業績評価指標）という言葉もかなり使われるようになってきました。

本書は、平たく言えば、「売上を上げたい方」はどんな「指標」を追いかけるべきか、という「売上を上げたい方の追うべき指標」すなわちＫＰＩについて考える本です。

ＫＰＩとは、「それさえ追いかけていけば結果が出る指標」です。マーケティングや営業を主題とする本書では、主な「結果」は「売上」となります。

その指標（ＫＰＩ）を追いかけていけば売上につながるということですから、売上向上の際の「評価指標」にもなります。組織として追いかけていくべき、経営的に重要な数字です。

ＫＰＩという考え方や言葉が広まってきたのは比較的最近で

す。日本でよく耳にするようになってきたのは2010年ごろでしょうか。現時点（2023年）の私の感覚値で、大企業ではほぼ浸透を終え、中小企業で今まさに浸透しつつある、というところでしょうか。

　参考までに、中小企業でのＫＰＩ利用率は36.7％、3分の2の中小企業はＫＰＩを使っていないというデータ（『中小企業白書』2022年、第2-2-96図*）が出ています。

　このように、ＫＰＩは特に「実戦性」という意味でまだまだ未熟な考え方です。

　＊ https://www.chusho.meti.go.jp/pamflet/hakusyo/2022/chusho/b2_2_3.html

　本書はそのＫＰＩに、マーケティングや営業などの「売上向上」という側面から切り込んでいきます。要は「どの指標を追えば売上が上がるのか」という売上向上にあたっての「追うべき指標」を探そう、ということです。

　ですから**本書がお役に立つことを目指しているのは、まずは売上が自分の業績に直結する経営者や営業マネージャーなどの方々**です。さらに、**売上向上が主たる組織目標となっている部門の方々**のお役に立てると思います。

　近年では、IT系の部門の方がネット通販やEC（電子商取引）を担当されて、いきなり「売上に責任を持つ」ということも耳にします。そのような方々のお役にも立てると思います。

　売上を上げることは、企業にとって非常に重要な目標であることは言うまでもありません。企業の存続条件が「利益の維持」

であり、「利益＝売上－費用」ですから、利益向上のためには売上を上げるか、費用を下げるかしかありません。

実際、中小企業庁の調査（倒産の状況*）によれば、中小企業が倒産する原因の7割以上が「販売不振」です。

新型コロナウイルスが猛威を振るった2021年の倒産件数は6030件。そのうちの4403件＝73％が**「販売不振」、すなわち「売れないから倒産する」**という事実があります。

＊ https://www.chusho.meti.go.jp/koukai/chousa/tousan/index.htm

企業として「売上向上」は極めて大切な目標ですから「売上」が主たる評価指標となっていることが多いです。しかし、明確な根拠を持って売上を評価指標として使っている組織は少ないように思います。**「何となく」、売上を評価指標として使い、それに疑問を持っていないのです。**

ここで大切なことを申し上げます。

売上を追っても、売上は上がりません。

極めて重要な考え方であり、本書の中核となる考え方ですので繰り返します。

売上という数字を追いかけても、売上は上がらないのです。

まず、「売上」は「過去の数字」です。過去の数字を追いかけても将来の数字は上がりません。過去の数字を上げることもできません。

また、「売上」を評価指標にして「もっと売れ！」とハッパをかけても売れるようにはなりません。それで売上を伸ばせるのであれば、もう売上を達成できているはずです。

　いや、売上を追うのは大事だ、営業部長が営業担当者に「売上を上げろ！　それが君たちの仕事だ！」と言うのは自然なのではないか、とおっしゃる方もいるかもしれません。

　そうでしょうか？　もし、プロ野球や大学駅伝の監督が選手に「優勝しろ！　それが君たちの仕事だ！」と言ったらいかがでしょうか？　おかしいですよね？　はい、おかしいです。
　そもそも選手だってみんな優勝したいわけですから、「優勝しろ！」というのは組織として当然の目標を確認しているだけで、意味がありませんよね？　「どうやって優勝するか」を考えるのが、監督はじめチームの仕事です。そもそも「優勝しろ！」と叫んで優勝できるのであれば、誰も苦労しません。

　実は「売上を上げろ！　それが君たちの仕事だ！」と言うのも全く同じです。これもおかしいんです。
　そもそも営業担当者だってみんな「売上を上げたい」わけですから、「売上を上げろ！」というのは組織として当然の目標を確認しているだけで、意味がありませんよね？　「どうやって売上を上げるか」を考えるのがチームの仕事です。

　そもそも「売上を上げろ！」と叫んで売上が上がるのであれば、誰も苦労しません。前述したように倒産の73％は売上を上げられずに倒産しているんです。

「売上を上げろ！」というのはプロ野球チームの監督が「優勝しろ！」というのと同じで、無意味な指示です。せいぜい「気合いを入れろ！」くらいの意味合いしかないんです。

ではどうすればいいのでしょう？　詳しい内容は本文に譲りますが、ここでは一言だけ。

そもそも売上とは何でしょうか？　「売上」とは、「お客様が買うという決断をした結果」として上がってくる数字です。お客様が「買いたい」と考えれば、売上はその結果としてついてくるのです。
結論として、

売上はお客様の「買いたい」の結果として上がる数字

です。となると、追うべきは「売上」ではなく、お客様の「買いたい」を作ることです。お客様の「買いたいを作る」ことが売上を上げる唯一の方法なのです。

追いかけるべき数字は「売上」ではなく、「買いたいを作れた数」です。それが「追うべき指標」であるＫＰＩとなるべきなのです。

ではその「買いたいを作れた数」とは一体なんでしょう？どうすればお客様の「買いたい」を増やせるのでしょうか？
本書はそれを一緒に考えていく本です！

マーケティングや営業の「評価指標」やＫＰＩを考えるということは、

- ●売上が上がる（＝顧客に刺さる）ような戦略を考える
- ●組織の「売上向上力」をつける

という、組織の戦略・実行過程、そして「組織力」を考えるという、まさに経営そのものを考える、ということです。

この奥深い世界を一緒に考えていきませんか？

2023年8月　佐藤義典

顧客の「買いたい」をつくる
ＫＰＩマーケティング

目次

第**1**章 | 売上を追っても売上は上がらない。「買いたい」を作ろう

1 成果を出すには「追うべき指標」を追おう！

2 マーケティングや営業の「追うべき指標」の現実

第**2**章 戦略の「急所」が決めるKPI

第**6**章 | 「急所」とKPIで戦略を回せば、
売上も利益も上がる！

装丁:山之口正和(OKIKATA)

本文デザイン・作図:宮嶋章文(朝日新聞メディアプロダクション)

売上を追っても
売上は上がらない。
「買いたい」を作ろう

第 1 章

成果を出すには
「追うべき指標」を追おう！

「売上向上」は、企業の重要な目標

本章では、本書の目指すところと全体像をお見せしたいと思います。

「はじめに」でも申し上げましたが、本書は、マーケティングや営業などの「売上」に責任を持つ方々がどんな指標を追えば売上が上がるのか、その「追うべき指標」すなわちKPIを何とするべきか、について考えていく本です。

特に、マーケティングや営業などの「売上向上を目標とする部門」の「追うべき指標」であるKPIについて考えていく本です。

営業部門はもちろんのこと、それに限らず以下のような部門が売上に責任を負う部門でしょう。

- ●企画：経営戦略やマーケティング戦略の担当部門
- ●営業：営業部門・営業企画の担当部門
- ●商品開発：商品開発・商品企画の担当部門
- ●広告宣伝：広告宣伝・広報・PRの担当部門
- ●販促：販促企画の担当部門

●販路：店舗担当部門・店舗・ネット販売の担当部門

　これらの部門の目標は、「売上向上」です。このようなマーケティングや営業などの「売上向上を目標とする部門」のことを、本書では**「売上向上部門」**と呼ぶことにします。

　工場などの生産部門は通常は「コスト削減」を目標とする部門ですから、一般的には「売上向上部門」にはなりません。

「粗利を上げる」などの「利益系の目標」を掲げているときも、考え方は基本的に同じです。「売上を上げる」ことに加えて「費用を下げる」という目標や行動が加わる、ということになるだけです。

　売上向上を伴わない利益向上は縮小均衡になるため、利益向上にも結局「売上を上げる」ことが必要となります。

　売上向上が重要な「目標」となるのは当たり前の話です。問題は、どうすれば売上向上ができるか、です。

　「はじめに」で申し上げたように、**「売上」をいくら追っても、売上は上がりません。**

成果を出す公式：成果＝努力の適切さ×努力の量

　ここで一旦、「売上」に限らず、組織が「成果を出す」ということまで戻って考えてみましょう。全ての組織において、**成果を出すための方法は、たった１つ。それは……、**

●成果を出すための「適切な努力」を行う

ということです。成果を出そう、といくらココロで念じても何も起きません。成果を出すためには、成果につながる「行動」、すなわち「適切な努力」をするしかないのです。

　成果を出せないという場合、その原因は２つしかありません。１つは、「努力の方向性」が間違っていることです。「不適切な努力」をしても成果につながりません。もう１つは、「努力の量」が足りないことです。

> **成果を出す公式**
> ・成果　＝　努力の適切さ　×　努力の量

ですから、

●成果を出すためには「適切な努力の量」を増やすしかない

ということになります。

　であれば、**成果を出すための「追うべき指標」**とは「適切な努力の量」となります。そして、その**「追うべき指標」**を追いかければ（＝適切な努力を増やせば）、成果を出せる確率が上がるのです。

成果を出すための「追うべき指標」：受験の場合

では、その「追うべき指標」である「適切な努力」とは何でしょうか？

マーケティングや営業で考える前に、「受験」について考えてみましょう。大学受験や資格試験の受験、です。「適切な努力」と追うべき指標である「適切な努力の量」の意味合いがわかりやすいからです。

受験における成果となるのは「合格」です。これが「ゴール」となります。

そして「受験」におけるゴール達成率——すなわち、合格率——を上げるために必要なことは言うまでもなく「適切な勉強」です。それによって「学力」がついて、合格率が高まります。

受験においては、例えばいくら「ノートをキレイに取る」努力をしても、それが自分の「理解」「記憶」につながらなければ意味がありません。大事なのは「ノートをキレイに取る」ことではなく、自身の「理解」「記憶」、ひいては「点数」につながる「適切な努力」をする、ということです。

● 受験においては、学力向上につながる努力だけが「適切な努力」

となります。

また、努力の「方向性」が適切でも、努力の「量」が足りなければ、「合格」という成果にはつながりません。受験において、その努力の「量」を計る「指標」を考えてみましょう。

　受験における「適切な努力の量」は、「適切な勉強時間」となるでしょう。そして、得られた学力は**「偏差値」**という指標で数値化されます。

　ここまでをまとめますと、**「適切な勉強時間を増やすと、偏差値が上がる」というのが受験における成果の出し方**です。
　ですから、受験生が「追うべき指標」は「適切な勉強時間」です。この「適切な勉強時間」を追いかける（＝適切な勉強時

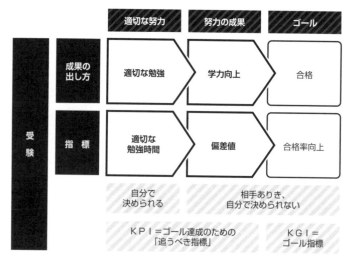

受験の「適切な努力」は「適切な勉強」

		適切な努力	努力の成果	ゴール
受験	成果の出し方	適切な勉強	学力向上	合格
	指標	適切な勉強時間	偏差値	合格率向上

自分で決められる　　相手ありき、自分で決められない

ＫＰＩ＝ゴール達成のための「追うべき指標」　　ＫＧＩ＝ゴール指標

間を増やす努力を重ねる）ことで、成果に近づきます。

「努力の方向性」の適切さ（勉強内容が適切だったか）と、**「努力の量」**（勉強時間が十分だったか）は、それに対する「反応」としての「偏差値」という指標でチェックされます。

「適切な勉強時間」と、それに対しての「反応」である「偏差値」という指標を追うことで、合格に近づいているかどうかを検証するというのが受験における成果の出し方です。

ここで大事なポイントは、**合格を追っても合格率は上がらない**、ということです。

例えば、神社にお百度参りしても、おそらく合格率は上がりません。気合いを入れるために1回お参りするくらいならともかく、1週間朝から晩までずっとお祈りし続けるのは「不適切な努力」です。そんな時間があったら、「適切な努力」としての「適切な勉強時間」を増やした方が合格率は上がるでしょう。

すなわち、受験における「追うべき指標」は、**「適切な勉強時間」**と、その勉強の成果をチェックする**「偏差値」**の2つです。それしかない、と言っても良いでしょう。

合格率を追うのではなく、「適切な勉強時間」と「偏差値」という2つの指標を追うのです。

厳密に言えば、**自分でコントロールできる指標は、「適切な勉強時間」**だけです。「偏差値」は、他の受験生の努力次第という側面があります。他の受験生の方が「より適切な勉強」を、「より多くの時間」こなしたら、自分が頑張っても偏差値は上

がりません。

「偏差値」も「合格率」も「相手ありき」という側面があることは留意すべきポイントです。

▌「追うべき指標」＝ＫＰＩ：受験のＫＰＩは何か？

これで本書の中核的内容である「追うべき指標」すなわちＫＰＩについて説明する準備ができました。

ゴールを表す指標は、**ＫＧＩ**と呼ばれます。**Key Goal Indicator**の略です。受験の場合は「合格率」です。

そして、そのＫＧＩであるところの「合格率」を上げる方法が、「適切な勉強」です。「適切な勉強時間」を増やせば「偏差値」が上がります。その「適切な勉強時間」や「偏差値」という「指標」が、合格率の目安となります。

この「適切な勉強時間」「偏差値」という指標（英語でIndicator）が**ＫＰＩ**、**Key Performance Indicator**です。まさに自分のPerformance、パフォーマンスの指標です。

ここで、ＫＰＩを設定することの必要性がわかります。ゴールである「合格」、そしてその確率である「合格率」は、正確なところは誰にもわかりません。それを追いかける意味もありません。さらに、このゴールである「合格」という「成果」は、受験が終わるまでわからないのです。

しかし、「偏差値」がわかれば、合格率をある程度推測できます。「偏差値を上げる努力」もできますから、受験勉強では「偏

差値」を上げる努力（＝「適切な勉強」）をするわけです。

　そして、「適切な勉強時間」という**「行動量」**を増やせば、「偏差値」という受験市場からの**「反応量」**も上がります。結果として、ゴールであるところの**「合格率」**が上がるのです。これが受験における成果の出し方です。

　以上を指標として整理しますと、以下のような関係になります。

> ・**行動量指標（ＫＰＩ）**：偏差値を上げるための行動量（＝行動の進捗指標）＝適切な勉強時間
> ・**反応量指標（ＫＰＩ）**：行動の結果としての市場からの反応量（＝ゴール達成の進捗指標）＝偏差値
> ・**ゴール指標（ＫＧＩ）**：結果としての合格率向上（＝ゴール達成）

という関係です。ここでのＫＰＩは、「適切な勉強時間」と、その勉強の適切さを確認する「偏差値」の２つが設定されます。

　自分の「行動量指標」が「適切な勉強時間」であり、それが受験という競争市場においてどのくらい実を結んでいるか、という「市場からの反応」をチェックする「反応量指標」が「偏差値」です。

　自分でコントロールできる「適切な勉強時間」に加えて、競争市場からの反応である「偏差値」も合わせて追った方がいいでしょう。そこで、「適切な勉強時間」と「偏差値」という２つの指標が受験のＫＰＩとして使われるわけです。

これが受験の「**追うべき指標**」、すなわちＫＰＩです。このＫＰＩを追うことで、結果として「合格率（＝ＫＧＩ）」が高まるのです。

　「**追うべき指標**」とは、毎日毎日それを増やすべく行動していく（＝「追いかける」）べき指標です。受験では、「追うべき指標」である「適切な勉強時間」を増やすべく努力を毎日重ねることでのみ、ゴールである「合格」に近づくのです。

　繰り返します。ゴール（ＫＧＩ）はあくまで結果です。「追うべき指標」であるＫＰＩを追いかける（＝その行動量を増やすべく努力する）ことで、ゴールが達成できるのです。

「追うべき指標」としてのＫＰＩが必要な理由

　受験を例にＫＧＩ、ＫＰＩという考え方を見てきました。ここまでをまとめますと、

> ・**ＫＧＩ**＝ゴールの達成度の指標
> ・**ＫＰＩ**＝ＫＧＩ達成のための「適切な努力の量」の指標
> 　＝「追うべき指標」
> 　　①行動量指標：自分の努力の量（＝行動量）の指標
> 　　②反応量指標：自分の努力に対して得られる市場など
> 　　　からの「反応」の指標

となります。繰り返しますが、「合格」という「ゴール」を追っても何も起きません。合格というゴール達成のためには、「適

切な努力」を増やす以外に方法がないのです。

そして、その「適切な努力」の指標がKPIです。**「追うべき指標」はKGIではなく、KPIなのです。**

KPIの役割は主に2つあります。

1つは、**「自分がゴール（合格）に近づいているかどうか」**という自分の「ゴールへの近さ」（努力の進捗率・達成度）の確認です。

受験の場合は「偏差値」です。もし、ゴール（目標校に合格）と現実（＝今の偏差値）がかけ離れている場合、ゴールを変える（志望校を変える）、努力期間を延ばす〈＝浪人〉、などということも必要になってきます。偏差値というKPIに基づき「適切な意思決定」ができるわけです。

もう1つは、現在の**「努力の適切さ」**の検証です。

勉強しても勉強しても「偏差値」が上がらないという場合、理由は2つありえます。

1つは、「行動量」（勉強時間）の不足です。他のプレーヤー（受験生）と同じ量しか努力していなければ、偏差値を維持するので精一杯です。その場合はさらに「行動量」（＝勉強時間）を増やします。

もう1つは、今の努力が「不適切」である場合です。勉強のやり方に問題がある、ということです。その場合は、「行動（＝努力の内容）を変える」必要があります。勉強の方法や内容を見直す必要があるわけです。

このように、ＫＰＩを設定することで、「①ゴールへの近さ」と「②現在の努力の適切さ」がチェックできます。

　「合格」というゴールが達成できたかどうかは、受験した「後」にしかわかりません。受験の「後」に努力量が足りなかったとわかっても遅いのです。ですから受験の「前」に、ゴールにどれくらい近づいているのか、努力は適切か、をチェックする指標が必要になるのです。

　このように、「合格」「合格率」というＫＧＩの「（時間的に）前」にＫＰＩという指標を設定することで、ゴールに向けての進捗率・達成度と、努力の適切さを確認できます。ですから、みんな「偏差値」という「指標」を使うわけです。
　「合格」「合格率」を追っても何も起きません。受験で「成果」を出すために必要なのは、「適切な勉強時間」と「偏差値」というＫＰＩを追いかけ、そのＫＰＩを向上すべく努力を重ねていくことです。

　ここで、ＫＰＩとはもう少し厳密に定義されるものではないのか、と思われた方、素晴らしい疑問だと思います。実は私もそう思っていました。

　学問的なところはさておき、現実としては、ＫＰＩは「とっても大切な目標」くらいの意味で使われています。
　私は2022年３月22日に、日本経済新聞のデータベース「日経テレコン」でＫＰＩという言葉を検索しました。出てきた全記事90件におけるＫＰＩという言葉の使われ方を解析したとこ

ろ、ＫＰＩは「重要目標」というくらいの意味で使われており、厳密にはそれぞれ違う意味として使われていることもありました。

　言葉遣いに一番敏感で厳密であろう日本最高の経済紙ですらそのように使われているのですから、現実としてはさらに緩く使われているだろうと容易に推測できます。

　実際、ＫＧＩとＫＰＩが混同されて、「売上」をＫＰＩと呼んでいる会社も見かけますし、Wikipediaでも「重要業績評価指標は、組織の目標達成の度合いを定義する補助となる計量基準群である」（2023年8月時点）というかなり緩い定義となっています。

　本書はそれよりはかなり踏み込んだ実戦的な定義になっていることがわかります。そして、肝心のＫＰＩの「目的」「役割」を明確にしていくことで、ＫＰＩの実戦性を高めていきます！

2 マーケティングや営業の「追うべき指標」の現実

売上向上部門で、「追うべき指標＝売上」になっている現実

　ここまでは、受験で考えると「当たり前」のことです。しかし……それがマーケティングや営業などの売上向上部門の話となりますと、その「当たり前」が「当たり前」ではなくなります。

　受験におけるゴールは「合格」です。その「合格」を追っても意味がありません。追うべきは「適切な努力」の量である「適切な勉強時間」と、その努力の成果としての「偏差値」です。

　マーケティングや営業の「ゴール」は売上です。
　「利益がゴール」とおっしゃるのはその通りですが、利益＝「売上－コスト」ですから、利益を上げるには売上を上げるか、コストを下げるかしかありません。本書はマーケティングや営業の本ですので、コスト削減については触れません。売上向上部門が「利益」をゴールとする場合、通常は売上向上を伴います。ですので、本書では「ゴール」は「売上」とします。
　そして、「売上を追う」というのは、受験で「合格を追う」のと同じであり、意味がありません。合格を追っても合格でき

ないのと同様に、**売上を追っても売上は上がらない**のです。

では、マーケティングや営業などの売上向上部門の「追うべき指標」（ＫＰＩ）の実態はどうなっているのでしょうか？

私が2020年〜2023年にかけて、色々なところで経営者や営業マネージャーを中心とした130名の方に評価指標についてのアンケートをとったことがあります。その結果は……、

● 営業部門の評価指標の68％は売上もしくはそれに準ずる
　数字（例えば、販売件数・台数など）

になっていました。約７割の企業で、「売上」を評価指標としています。多くの方の感覚値とも一致していると思います。

このデータは主に「営業部門」と「経営者」を対象にしたものです。マーケティング部門の評価指標については、会社によってマーケティング部門の役割が相当異なりますので一概には言えませんが、マーケティング部門でも「売上」が「評価指標」になっている、ということは大手メーカーなどの話を聞いても少なくありません（残念ながら統計はとれていませんが）。

マーケティング部門が売上に責任を負っている場合は、おそらく同様に「売上」を「評価指標」としているかと思います。

つまり、多くの企業が実質的に「売上」を「評価指標」としているのです。特に営業部門については、ほとんどの企業で「売上」を評価指標にしています。

多くの企業の実態として、売上向上部門が「売上」を追いか

けているのです。

　念のため、ここでいう「売上を追いかける」の「追いかける」の意味を定義しておきますが、「売上」を評価指標とし、組織別・地域別・個人別などに落とし込んだ上で、その進捗を定期的に集計・管理し、数字が未達なら改善すべくハッパをかける、といった意味で使っています。

　営業部門の約7割は「売上」という指標を「追いかけている」のですが、それに意味があるのか、**「追うべき指標」は他にあるのではないか**、というのが本書の問題提起です。

▌野球の監督の「優勝しろ！」という指示は適切か？

　「売上を評価指標」にする、というのは「売上を上げろ！」という指示が会社から出ている、ということです。社長や営業部長が営業担当者などに「売上を上げろ！」とハッパをかけているわけです。

　では、塾の先生が受験生に「とにかく合格しろ！」とハッパをかけたとします。それは適切な「ハッパ」でしょうか？
　ダメとは言いませんが、意味がありません。生徒だって合格したいのです。「合格しろ！」と叫ぶよりも、受かるための戦略を練り、「適切な勉強方法」を生徒と一緒に考え、勉強時間を増やす方法を考えるのが塾の先生の仕事です。それによって合格率が高まるのです。受験生に「合格しろ！」と叫んでも、合格率は上がりません。

　スポーツでも同じです。「はじめに」でも申し上げましたが、プロ野球や大学駅伝の監督が選手に「今年、優勝しろ！」という指示を出したとします。それは選手に対して、適切な指示でしょうか？

　それも、意味がありません。選手だって勝ちたいのです。「優勝しろ！」と叫ぶよりも、戦略を練り、勝ち方を考え、「適切な練習時間」を増やす方法を考えるのが監督の仕事です。

　この2つの話に共通することは、「合格」「優勝」という「ゴール」（＝結果）を「直接」追いかけてしまっていることです。

　みんな合格したい、勝ちたいのですから、「合格しろ！」「勝て！」と叫ぶのは、ゴールを叫んでいるだけで、「気合いだ！」と叫ぶくらいの意味しか持ちません。そもそも「合格しろ！」「勝て！」と叫んで結果が出るのであれば誰も苦労しません。

　「合格」「勝利」という「ゴール」を達成するためには、そのための「適切な努力」を増やすしかないのです。

　当たり前ですよね？　はい、当たり前なんです。

売上を上げろ！
という経営者の指示は意味がない

　「売上」を評価指標にする、ということは、「売上を上げろ！」という指示を経営者が出している、ということです。

　受験とプロ野球の話からわかるように、これは意味がありま

せん。「合格」「勝利」同様、「売上向上」は組織の当たり前の「ゴール」であり、「結果」です。そこで「売上を上げろ！」と言っても、組織の「ゴール」を再確認しているにすぎません。売上を上げるのは当たり前なんです。

「売上を上げろ」という指示は、「合格しろ！」と叫ぶ塾の先生、「優勝しろ！」と叫ぶプロ野球の監督、と同じことをしているということです。

大企業であれば、社長が「取締役営業部長」に「売上を上げろ」と言うのはまだわかります。それを考えるのが「取締役営業部長」の仕事だ、と言われればそうかもしれません。

しかし、その「取締役営業部長」が営業課長に、そして営業担当者に「売上を上げろ！」という指示を出したら、それは「合格しろ！」と叫ぶ塾の先生と同じですね。

「結果」は、あくまで「適切な努力」がもたらすものです。「合格しろ！」「優勝しろ！」「売上を上げろ！」と叫ぶと、成果が出るのではありません。「適切な努力」を増やすことで、成果が出るのです（「売上を上げろ！」と叫ぶことで「適切な努力」の量が増えるのであれば、その限りにおいては効果的ですが）。

現実としては「売上」の管理はします。最終成果として重要な数字ですし、会社であれば、税務上「売上」を申告する義務があります。売上向上部門では、「売上」で評価されるのは現実問題としてある程度必要かもしれません。

ただ、「売上」を評価指標にして売上が上がるのであれば、誰も売上に悩まないはずです。

　「売上」という目標を確認・共有することに意味はある、というご意見は当然ありそうです。例えば、「売上が足りなかったら、営業担当者は頑張るだろう」と。

　では、売上が足りなかったら、営業担当者はどう頑張るのでしょうか？

　売上を上げる方法がわかっているのなら、既に実行しているはずです。「売上」で評価されるのであれば、誰だって売上を上げて高い評価を得たいのです。**売上の上げ方がわからないからこそ、売上が上がらないわけです。**

　「売上を上げろ！」と経営者が叫んで売上が上がるのであれば、誰も苦労しません。「はじめに」で申し上げたように、**中小企業の倒産原因の７割以上が「販売不振」です。「売上を上げろ！」と叫びながら、売上を上げられずに倒産していく、という現実がある**のです。

「あなたから買いたい」を
作れば売上が上がる

売上を上げるためには
「売上」ではなく「買いたい作り」を追う

ではどうすれば良いのでしょうか？　まずは受験や野球で考えてみましょう。

- 受験の成果の出し方：「適切な勉強時間」を増やすことで合格率が上がる
- 野球の成果の出し方：「適切な練習時間」を増やすことで勝率が上がる

そして……、マーケティングや営業においては、

- マーケティングや営業の成果の出し方：お客様の「買いたい」を作るという「買いたいを作る行動」を増やすことで売上が上がる

となります。

なぜなら、「売上」はお客様の「買いたい」の結果だからです。

「売上」は、お客様がその商品・サービスを「買いたい」と思って「買う」という行動をとったときに、計上されます。**「買いたい」かどうかはお客様が決めるものですから、その結果としての「売上」もお客様が決めるものです。**

厳密に言えば、お客様が「買いたい」というのは、**「競合ではなく、あなたから買いたい」**です。お客様が「買いたい」と思っても、競合他社から買ったのでは自社の売上は上がりません。

- 他社の商品・サービスではなく、自社の商品・サービスを選ぶ
- 他の店舗ではなく、自社の店舗を選ぶ
- 他の営業担当者ではなく、自分を選ぶ

などの意味で、「競合ではなく」あなたから買いたいということです。

以降、「買いたい」と言ったときは**「競合ではなく、あなたから買いたい」**という意味を含むとお考えください。「競合ではなく、あなたから」が繰り返されると読みにくくなりますので、場合によって「あなたから買いたい」、あるいは単に「買いたい」と表記することもあります。

同様に「買いたいを作る」は、厳密には「あなたから買いたいを作る」の意味となります。

マーケティングや営業において、売り手がすべき**「適切な努力」**とは、

- お客様があなたから買いたくなるような働きかけをお客様に対して行うという「買いたい作り」

です。「お客様の『買いたい』を作る・引き出すという行動」、すなわち「買いたい作り」こそが唯一の「適切な努力」なのです。

　売上を上げようと思ったら、お客様の「買いたい」を作る「行動量」を増やすしかないのです。その結果、お客様が「自社から買う」という意思決定を行い、「ゴール」である「売上」が上がるのです。

　受験では、「合格」を追っても合格できません。「適切な努力」の指標としての「適切な勉強時間」を増やせば受験という競争市場からの「反応」として「偏差値」が上がり、結果として「合格率」が上がります。

　マーケティングや営業では、「売上」を追っても売上は上がりません。「適切な努力」の指標としての「買いたいを作る行動量」を増やせば、お客様からの「反応」として「あなたから買いたい」が引き出され、結果として「売上」が上がります。

　受験でもマーケティングや営業でも、「成果を出す方法」は「適切な努力」を増やすことだけ、というのは全く同じであることがわかります。

　ですから、追うべき指標は「売上」ではありません。受験で「適切な勉強」に集中するのと同様に、**お客様の「買いたい作り」に集中すれば良い**のです。そうすれば、その「結果」として売

上が上がります。

　それで売上が上がらなければ、受験同様に「行動量」が十分か、その「行動」は本当に適切なのか、とチェックしていくことになります。

2つの追うべき指標：「行動量指標」と「反応量指標」

ここまでをまとめますと、次の図のようになります。

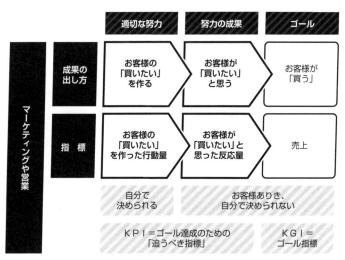

マーケティングや営業の「適切な努力」は「買いたい作り」

「追うべき指標」としてのKPIは、受験同様に2つです。

● お客様の「買いたい」を作った行動量＝受験でいう「適切な勉強時間」

● お客様が「買いたい」と思った反応量＝受験でいう「偏差値」

「適切な勉強時間」という「行動量」が多いほど、「偏差値」という「受験（競争市場）」からの「反応量」が上がります。結果として「合格率」が上がります。

　同様に、お客様の「買いたい」を作った「行動量」が多いほど、「買いたい」という「お客様（競争市場）」からの「反応量」が上がります。結果として「売上」が上がります。

　受験において自分がコントロールできるのは、「適切な勉強時間」だけです。偏差値は他の受験生などの相手次第、です。

　同様に、マーケティングや営業において自社がコントロールできるのは、「お客様の『買いたい』を作った行動量」だけです。「買いたい」と思っていただけるかどうかは、お客様次第です。

　マーケティングや営業の指標は、以下のようになります。

・**行動量指標（ＫＰＩ）：**お客様の「買いたい」を作った自社の行動量（＝行動の進捗指標）
・**反応量指標（ＫＰＩ）：**行動の結果としてのお客様の「買いたい」という反応量（＝ゴール達成の進捗指標）
・**ゴール指標（ＫＧＩ）：**結果としての売上向上（＝ゴール達成）

　「あなたから買いたい」を作った「自社の行動量」が多いほど、お客様が「あなたから買いたい」と思うようになります。それ

がお客様の反応量です。その反応量が多いほど、結果として「売上」が上がる、という関係です。

　売上向上のためにすべきは、「売上」という「ゴール」を追うのではなく、「お客様の『買いたい』を作る行動量」を増やし、お客様の「買いたい」という「反応」を増やすことです。その「反応量」が多ければ、「結果」として売上が上がります。

　しかし、現実としては多くの会社が「売上」を追ってはいても、「買いたい」を追っていません。「買いたい」を追っていたとしても、「個人任せ」になってしまっている組織が多いはずです。

　ここにマーケティングや営業の「指標」を改善する大チャンスがある、というのが本書の問題提起です。今、評価指標を「売上」にしてしまっている多くの会社には、大きな伸びしろがあるんです。

お客様の「ありがとう」を増やせば 売上が上がる居酒屋

　ここで、「売上」ではなく「買いたい作り」を追う、という意味がわかりやすい事例を1つ紹介します。「はなの舞」などで知られる居酒屋チェーン、チムニーの和泉社長（当時）が以前このようなことをおっしゃっていました。

『「客からもらうお礼の言葉の数に比例して売り上げが増えている」。チムニーの和泉学社長は最近、こんな発見をした。このほど全店で客からもらう「ありがとう」と「ごちそうさま」の件数を数え始めたところ、お礼の言葉は1日平均6000件に上った。お礼の数が多い

　非常に興味深いコメントです。**お客様から「ありがとう」などのお礼の言葉を多くいただく店では、売上が高い**、ということです。この「ありがとう」を数える、というのがまさに「買いたい作り」を追う、という発想です。

　売上はお客様の「ありがとう」の結果だということです。料理や接客などの店の魅力がお客様の「ありがとう」を引き出し、それが「結果」として売上に結びついているわけです。逆に言えば、**お客様の「ありがとう」を引き出すような魅力あふれる料理・接客を提供すれば、売上が増える**、ということです。

「ありがとう」と言われる店は売上が高い

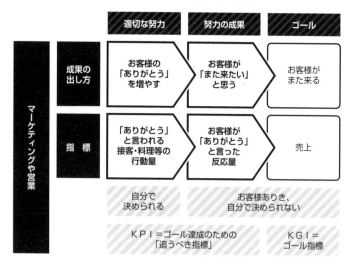

「追うべき指標」は「売上」ではありません。「ありがとう」と言われる回数・人数なのです。お客様が「ありがとう」とおっしゃるのは、店の料理・接客に高い価値を認めて、「また来たい」と思ったからです。ですから、**お客様の「ありがとう」を追いかければ、結果として売上が上がる**んです。そのために必要な行動が、魅力あふれる料理と接客の提供、ということです。それが売上向上につながる「適切な努力」なのです。

ここまで見てきた通り、マーケティングや営業の「追うべき指標」（ＫＰＩ）は「お客様の「買いたい」を作った量」です。そして、それは以下の２つに分けられます。

● 自社の「行動量指標」：お客様の「買いたい」を作った行動量
● お客様の「反応量指標」：お客様が「買いたい」と思った反応量

ＫＧＩ（＝ゴール）である「売上」を追うのではなく、その「前」にある「自社の行動量」と「お客様の反応量」を追うわけです。お客様の「買いたい」という「反応」を作れれば、それが「売上」につながります。

この事例の居酒屋の場合は、以下のようになるでしょう。

・**行動量指標（ＫＰＩ）**：お客様の「ありがとう」を作った自社の行動量（料理や接客）
・**反応量指標（ＫＰＩ）**：お客様の「ありがとう」の数とい

う反応量（＝ゴール達成の進捗指標）

・**ゴール指標（ＫＧＩ）**：結果としての売上向上（＝ゴール
達成）

売上は重要ですからもちろん管理はします。しかし、売上を
上げようとしても、売上は上がりません。売り手が追うべきは、
あくまでお客様の「買いたい」なのです。そして、それがお客
様の「ありがとう」という言葉として表れたのがこの居酒屋の
事例です。

「行動量指標」と「反応量指標」のどちらを追うべきか

現状、ＫＰＩ（Key Performance Indicator）という言葉はか
なり広い意味で使われていますが、performanceという英語の
言葉が意味することは「反応」に近いかと思います。お客様の
「買いたい」という「反応量」がKey Performanceになるわけで
す。

ただし、反応量指標「だけ」を「追うべき指標」すなわちＫ
ＰＩとしてしまうと、現実的に実行しにくくなってしまいます。

「行動量指標」と「反応量指標」という２つの指標のどちら
を追うべきかという問いに対して、私は実践性という意味で次
のように答えます。

● 行動量指標と反応量指標が強く相関することを確認した上
で、追いやすい方を追う

という提案です。これが現実的・実践的かと思います。

　まず、行動量指標と反応量指標が強く相関しているか——すなわち、自社の行動がお客様の「買いたい」を作っているかどうか——を確認しましょう。

「自社の行動量＝お客様の『買いたい』という反応量」となることが検証できれば、現実的にはどちらの指標を追っても同じ、ということになります。

　受験の場合、「勉強時間」（＝行動量指標）と「偏差値」（＝反応量指標）との相関を確認するわけです。それにより、「今の行動」（＝勉強内容）の「適切さ」を確認することができます。

この場合は、「適切な勉強をした時間」という「行動量指標」の方が追いやすいです。自分で管理できますし、毎日の数字も記録できます。反応量指標である「偏差値」を同時に追うにしても、模試などを受けなければ「偏差値」はわからないため、毎日の変化などは追いにくいからです。

　反対に、反応量指標を追った方が良い場合もあります。

　先ほどの居酒屋の「ありがとうと言われた回数」は、「反応量指標」です。こちらを追うことで、「どんな行動をすれば、お客様から『ありがとう』という反応をいただけるのか」ということがわかります。

　反応量（＝ありがとうと言われた回数）が売上につながることは既に立証されていますから、**お客様の反応（＝「ありがとう」と言われるかどうか）を見ることで、どんな行動が「買いたい作り」となるか、を逆算できる**わけです。

営業で言えば、「訪問件数」は「行動量指標」です。「受注件数」は「ゴール」に近い指標です。

　この場合は、どんな訪問をすれば受注につながるのか、という行動（訪問内容）の「適切さ」を確かめた上で、「訪問件数」という行動量指標を追いかける、というのが現実的でしょう。

　通常は「○○を達成できた訪問件数」が望ましいです。例えば、「お客様のニーズを引き出した訪問の数」、「自社の強みを顧客企業のキーマンに伝えた訪問の数」くらいには具体化したいところです。このあたりの、具体的にどんなことの達成を重視すべきか、については後述の「急所」の設定で決まることになります。

　このように、「行動量指標」と「反応量指標」のどちらを追うべきか、は状況によって変わります。どちらを追っても良いと思います。

　目的は「最終ゴール」である「売上」を上げることです。**行動量指標と反応量指標が相関していれば、どちらの指標を追っても「売上向上」につながる**はずです。

　以降、「追うべき指標」や「ＫＰＩ」と表記した場合は、それが実質的に意味するところの「行動量指標」「反応量指標」の両方を指すこととします。「行動量指標」と「反応量指標」を分けて考えていくときには、それぞれ「行動量指標」「反応量指標」と表記します。

「追うべき指標」は少ない方が良い

マーケティングや営業に限らず、の話ですが、そもそも論として、

● 「追うべき指標」は少ない方が良い

ということが言えます。1つの指標を集中して追いかける（その指標の向上にエネルギーを集中させる）方が組織としても、個人としても効率が良いのです。

例えば、あなたが営業の仕事をされていたとして、上司の営業マネージャーから、

「さて、今月の方針だが、新規顧客獲得はもちろん大事だから、月間〇〇件以上は取るように。既存顧客のフォローも大事だ。月間利用数が減っているところは優先してフォローするように。あと、今年の方針として新製品の導入も大事だ。開発部門とコミュニケーションを密にとって、その狙いをきちんと理解して、顧客への資料作りは手をぬくな。新製品導入件数も重要だ。あ、君は訪問件数が減っているから、訪問件数も増やしなさい。最低〇〇件は訪問するように」

と言われたとします。この上司の指示は、

● 新規顧客獲得数：月間〇〇件

- 月間利用数が減っている既存顧客のフォロー数
- 新製品の導入件数
- 訪問件数：月間〇〇件

を追え、ということになります。これで、行動に落とし込めますか？　「一体自分に何をしろと？」と聞きたくなりませんか？

　戦略が定まっていないから、このように「何でもやれ、いいからやれ」的な指示が来るわけですが、このようなときにあなたが取る行動は、

- 自分で勝手に優先順位をつけて、動きたいように動く
- よくわからないから「無視」

のどちらか、ということになるでしょう。

　つまり、「**多くの指標**」を追おうとすると、**何もできない、あるいは勝手に動かれる**、ということになります。組織としても、結局「統一的な動きはできず、バラバラに動いてしまう」という問題が起きます。

　それよりも、

　「今月は、既存顧客のフォローに集中するように。月間利用数が減っている既存顧客の意思決定者と必ず1回は会って、製品の利用状況と不満についてヒアリングした上で、利用数アップの提案をしなさい」

と言われた方が、個人としてもはるかに動きやすいはずです。

この場合の「追うべき指標」は、

● 月間利用数が減っている既存顧客の意思決定者と会って、製品の利用状況と不満についてヒアリングをして、利用数アップの提案をした回数

という１つだけです。

自分のやるべきことが圧倒的に減りますし、何より「これだけに集中して動ける」ということになりますので、動きやすいです。組織としても、同じ目標に向かっていけます。

本書のＫＰＩ（マーケティングや営業の「追うべき指標」）という文脈でも同様で、原則として**ＫＰＩは基本的に１つに絞り、それを追いかける（改善すべく努力を重ねる）ということが重要です。２つ以上の指標を追う場合も、必ず優先順位はつけましょう。**

ですので、本書でＫＰＩといった場合、基本的には「１つの指標を集中的に追いかけること」を意味することになります。

本書の全体像

ここまで、ＫＰＩの考え方の基本的なところを解説してまいりました。

見てきた通り、基本的な考え方は**マーケティングや営業で「売**

上」という成果（ＫＧＩ）を出すためには、「追うべき指標」であるＫＰＩ（＝反応量指標・行動量指標）を設定し、それを組織として追いかけていく、ということです。すると、結果として「売上」につながるわけです。この考え方をもとに、その具体的なやり方などをここから見ていきます。

　本章の最後に、本書の全体の流れを解説させていただきます。

　まず、本章である第１章では、「売上を追っても売上は上がらない」ということを見てきました。
　成果を出すために必要なのは「適切な努力」です。売上という成果を出すための「適切な努力」は、お客様の「買いたい作り」です。なぜなら売上はお客様の「買いたい」の結果だからです。売上を追うのではなく、「買いたい作り」を追うのです。
　そして、その「買いたい」を作るための指標が「追うべき指標」としてのＫＰＩだということも見てきました。

　第２章では、「追うべき指標」すなわちＫＰＩをさらに突き詰めて考えていきます。
　ＫＰＩは、「強み」で決まります。なぜなら、マーケティングや営業においては「強み」を作り、それが伝わればお客様は「あなたから買いたい」と思うからです。
　ただ、現実では「強み」というとふわっとした言葉（例えば、高品質、安心・安全など）になってしまいがちです。そこで、「強み」を具体化する戦略の「急所」という考え方を紹介します。戦略の「急所」が決まれば、ＫＰＩは自動的に決まります。
　一方で、その「急所」を考えるのは難しい、というのも事実

です。本書では急所を知る2つの考え方を紹介します。

第3章では、「急所」の探し方「その1」を見ていきます。自社の「強み」を徹底的に具体化することで、急所を見つけ、ＫＰＩを決めていく手法を紹介します。

急所は「戦略」で決まりますから、「戦略」の中核である「強み」を徹底的に突き詰めていけば、「急所」がわかることが多いのです。

第4章は、「急所」の探し方「その2」として、お客様の「意思決定プロセス」を突き詰めて考えていくことで、急所を見つけ、ＫＰＩを決める手法を紹介します。

「買いたい」はお客様が決めることです。お客様の「意思決定プロセス」のどこかに、「あ、これ買いたい！」というスイッチが入る瞬間があります。その「買いたいと思った瞬間」を考えていけば、戦略の急所が考えやすくなります。

第5章では、急所とＫＰＩを自社で考えていく際の助けとなる、急所とＫＰＩの「パターン」を見ていきます。

戦略やビジネスの仕方は数あれど、急所とＫＰＩの組み合わせには一定のパターンがあることを、私は発見しました。そのパターンを知ることで、自社の急所がどのパターンにあてはまるのか、近いのか、が考えやすくなります。

そして最終章の第6章では、急所とＫＰＩをどう組織運営に活用し、お客様の「買いたい」を作って売上を上げていくか、という、組織における急所とＫＰＩの「使い方」を見ていきま

す。

　本書の全体像を図にすると、下図のようになります。

本書の全体像

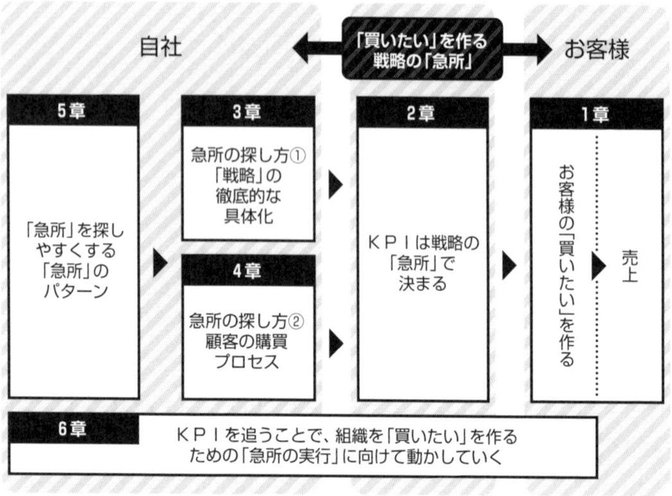

自社　　　　　　　　　　「買いたい」を作る　　　お客様
　　　　　　　　　　　　戦略の「急所」

5章	3章	2章	1章
「急所」を探しやすくする「急所」のパターン	急所の探し方①「戦略」の徹底的な具体化	KPIは戦略の「急所」で決まる	お客様の「買いたい」を作る　売上
	4章		
	急所の探し方②顧客の購買プロセス		

6章
KPIを追うことで、組織を「買いたい」を作るための「急所の実行」に向けて動かしていく

　少々複雑に見えますが、要は**お客様の「買いたい」を作るための戦略を考え、戦略の急所を具体的に把握し、その急所を「指標」としたKPIを追いかけていく、**ということです。するとお客様の「買いたい」が作られ、「売上」という成果が得られます。

　マーケティングや営業部門などの「売上向上部門」の「買いたい」を作る組織マネジメントの方法として、「買いたい作り」に集中するKPIという指標を考えていきませんか、というの

が本書の提案です。

　私はこれまで、数百社の急所とＫＰＩを探すお手伝いをしてきました。急所やＫＰＩを見つけるのは、かなり大変です。急所やＫＰＩを決める、というのは「自社の売上を上げる成功方程式を見つける」ということだからです。

　だからこそ、大変ですが重要なことなのです。そして、それがわかれば、自社の努力をそこに集中させていけば、「売上」が自動的に上がっていくようになります。それこそが「売れる仕組み」なのです。

　ＫＰＩを決めていくための「知的な旅」を一緒に楽しんでいきましょう！

　「売上を追う」ことの３つのデメリット

　「売上は大事だ。売上を追わないでどうするのだ」というような反論も聞こえてきそうですね。

　ここでは、「売上を追う」ことのデメリットについて考えていきたいと思います。

　売上が重要なことは言うまでもありません。本書が目指すところも売上（と、それがもたらす利益）の最大化です。

　しかし、**「売上の重要性」と「売上を追う」ことは全く別の話**です。売上が重要だからこそ、売上ではなく「買いたい作り」を追うのです。

　「粗利」などの利益系指標を目標にしていればいい、ということでもありません。

　「利益＝売上−費用」です。「とにかく利益を上げろ」というと、「ムリヤリ売上を上げる」か、「ムリヤリ費用を下げるか」のどちらかしかありません。ムリヤリ売上を上げる選択を選ぶと、結局、同じ問題が起きます。

　例えば、2023年に「ビッグモーター」という中古車販売・修理の会社が顧客から預かった車に「わざと」傷をつけて保険で修理していた、という不正が明らかになりました。

　報道によれば、ビッグモーターは「１台あたり14万円前後」という過大な「利益」（ノルマ）を設定していたと言われています。それがこのような不正の一因となった、とされています。

売上でも利益でも、それをムリに追ってはいけないということを教えてくれた事例です。

　「買いたい」を作らずに売り込むことはできなくはありません。しかし、それは大きなデメリットをもたらします。

デメリット１：
「買いたい」を伴わない売上は不満足を招く

　１つめのデメリットは「顧客不満足」を招く、ということです。

　「買いたい」を作らずに「売上を追う」と、「強引にムリヤリにでも売り込みたい」という方に意識が行ってしまいます。お客様が不満でも、売上が欲しいがゆえにムリヤリ売りつけてしまいます。前述のビッグモーターはまさにそんな事例です。

　目先の「売上」より「買いたい」を作ることを優先して成功している事例として、オーケーという関東圏を中心に展開しているスーパーを紹介します。オーケーのウェブサイト＊を見ると、下記のように業績がすさまじい勢いで伸びています。

- ●2020年３月期：売上4353億円、経常利益237億円
- ●2023年３月期：売上5524億円、経常利益303億円

　同時期に店舗数も123店→142店と増えていますが、この店舗数の伸び以上の売上・利益の伸びを記録していることがわかります。まさに絶好調です。

　＊ https://ok-corporation.jp/company/performance/56-3/entry-2075.html

そのオーケーでは「オネストカード」という、商品の品質などが悪いことは悪いと正直（オネスト）にお客様に言う取組をしています。

　例えば、このようなオネストカード*が過去にありました。

*https://ok-corporation.jp/feature/honestcard.html

『長雨の影響で、レタスの品質が普段に比べ悪く、値段も高騰しています。暫くの間、他の商品で代替されることをお薦めします』（オーケーホームページ）

　もちろん、このような取組をすると、売上は短期的には減ります。なぜこのようなことをするのでしょうか？　オーケーの飯田勧氏（現・代表取締役会長）が、社長のときにこのようなことをおっしゃっていました。

『「仮に天候不順で入荷量が少ない生鮮食品を売ろうとした場合、品薄だと商品の価格は高くなりがちです。でも品質は良くないものもあります。何も説明もせずにお客さんが買ってしまうと『あそこの野菜はよくない』ということが頭に残ってしまいます」』『「**そこで売り上げを取りに行くとケガのほうが大きくなります**。品質が良くないというイメージを持たれてしまいます」』（2011/10/24、日経MJ、3ページ：太字は筆者）

　売上を追ってしまうと、レタスの品質が悪いことがわかっているにもかかわらず、そのレタスをお客様に売りつけようとしてしまいます。短期的には売上が上がるかもしれません。

　しかし、お客様の「買いたい」を作れていない売上は、お客

様に不満が残ります。すると、不満を持ったお客様が競合店に流れてしまい、長期的には売上が減ってしまいます。

　逆にオーケーは、このような取組をすることで、お客様から信頼されて「オーケーで（また）買いたい」を作っているわけです。

デメリット２：
売上を追うと、「値引き」に走り売上が減る

　２つめのデメリットは、売上を追うと「過度の値引き」に走りやすくなることです。利益を犠牲にした値引きに走ってしまうのです。

『日本企業のマーケティング力』（山下裕子ほか著、有斐閣）という、日本企業のマーケティングを統計的に解析した名著があります。その134ページに、営業部員が価格決定権を持つことと、企業業績との相関を調べたデータがあります。その結果を引用させていただくと……、

- 売上高成長率：−0.17（１％水準で統計的有意差有り）
- 値崩れ防止：−0.27（１％水準で統計的有意差有り）

ということになりました。つまり、営業が価格決定権を持つと、

- 値崩れが防止できない＝安売りに走る
- その結果として売上は伸びない（売上高成長率がマイナス）

といったことが起きやすくなるのです。

「売上高成長率」がマイナスになっていることにご注意ください。**「値下げすれば売上が伸びる」ということは、少なくともこのデータでは否定されている**のです。むしろ「値下げ→値崩れ→売上減少」となる、ということです。

　「営業が価格決定権を持つことと、売上を目標に置くこととは関係ない」と言われそうですが、売上を達成目標とし「売上を上げろ」と言われたら、営業担当者が値引き販売しそうなことは容易に推測できます。それは必ずしも売上の成長にはつながらない、ということをこのデータは示唆しています。

デメリット３：
売上を追うと、「不正」に走る

　「売上を追う」ことで起きる、３つめの非常に深刻な問題が「不正に走る」ことです。
　近年では、2019年の「かんぽ」の不正が記憶に新しいです。メディアでも大々的に取り上げられ、大騒ぎになりました。

『かんぽ生命保険が郵便局を通して販売した保険で、保険料の二重徴収など数多くの不適切な事例が見つかった。顧客に不利益を与えた疑いのある契約は18万件を超える』（2019/08/02、日本経済新聞、朝刊５ページ）

　このような不正は、「売上を追う」ことが原因だったと言われます。

『かんぽが魅力的な商品を出すことは難しい。商品の制約で売りづ

らいのに重いノルマを課したことが不適切販売につながった面がある』『郵便局で評価を大きく左右するのは損益よりも営業目標の達成度合いだ』（2019/08/07、日本経済新聞、朝刊5ページ）

そして、2023年には先述した「ビッグモーター」という中古車販売・修理の会社の保険会社への不正請求が大きな話題になりました。お客様から預かった車をわざと傷をつけ、保険会社に過大請求を行っていた（らしい）、という不正請求の問題です。

このケースでも、原因の1つとして「不合理な目標値設定」、すなわち「過大なノルマ」が自社ホームページで公開された調査報告書で指摘されています*。

　＊ https://www.bigmotor.co.jp/lib/news/news_list.php?id=694

商品・サービスを魅力的にする、というような「買いたい」を作る努力をせずに、とにかく「営業目標」を達成しようとしたら、もう「ズル」をするしかありません。

このように、「買いたい」を作ることではなく「売上目標達成」を追ってしまうと、「ズル」、すなわち不正に走ります。このような事例は、繰り返し起きてニュースになっています。

売上を評価指標にする、ということは、（例え不正をしてでも）売上が大事だ、という指示になっている（そう解釈されてしまった）ということをそれらの事例は示しているのです。

「売上」はあくまでもお客様の「買いたい」の結果であるべきなのです。

売上を追って、売上を減らすアパレル業界

　「売上」を業界全体として追ってしまい、構造不況に陥った実例がアパレル業界です。極めて的確にその構造を指摘した記事が日経MJにありました。

『一定数量を発注しないと海外工場が生産を引き受けず、需要よりも生産数を基準に計画を立てる傾向が強まった。アパレル企業は売上高を経営の主軸に置き、前年よりも高い目標を立てるため調達量の拡大に歯止めがかからない』(2020/05/20、日経MJ、１ページ)

　まず、生産を海外にシフトしたために生産ロットを増やさざるを得なくなり、結果として、売上を追わざるを得なくなったのです。
　もう１つが、「ノルマ」の問題です。

『乱立するブランドの「売り上げノルマ」が強いことも、過剰生産の温床だ。あるアパレル大手首脳は「ブランドごとに予算を立て、無理に販売しようとする習慣が根付いている」と打ち明ける』(2020/05/20、日経MJ、１ページ)

　「売上」が欲しいために、似たようなブランドを次々に出してしまいます。
　似たようなブランドになるのは、先ほどの海外生産の問題とも絡みます。生産ロットを大きくすると、生産工場の数は当然減ります。自社製品を同じ工場で作れば、その生産ラインの制

約を受け、自社製品が同質化しやすくなります。

　そして、それぞれのブランドで「売上」を求めてしまいます。

　まさに、「買いたい」を作ることよりも「ムリヤリ売り込む」という意識の方が強い、ということですね。

　しかもブランドの乱立は、市場の縮小と手を携えながら進みます。

『国内のアパレル市場はバブル期の15兆円から10兆円に縮小する一方で、供給量は20億点から40億点弱へと倍増した』（2020/05/20、日経MJ、１ページ）

　「売上」を求めるだけで、お客様の「買いたい」を作っていなければ、市場は縮小して当然です。

　すると売れ残りますから、値引き販売せざるを得ません。

『その結果、百貨店で定価販売した商品がセールで値引きされ、アウトレットなどに回る』（2020/05/20、日経MJ、１ページ）

　「買いたい」を作ることよりも「売上を追う」という発想になってしまったことが、このような構造を作ってしまいました。

- ●海外生産へのシフト→最低ロットの増加→大量生産
- ●大量生産→独自性の低下→「買いたい」の減少
- ●売れ残る→値引き販売→さらに量を売る必要性→さらに値引き→ブランド価値の低下

● 売れ残る→「買いたい」の減少

という悪循環です。

　そして、その根本にあるのが「買いたいを作るための戦略の欠如」だと思います。

　なぜなら、この状況でも売上を伸ばしている会社もあるからです。数十億円〜100億円前後の売上で、元気に頑張っているアパレル企業が出てきているのが希望です。そういう会社は、しっかりと「あなたから買いたい」を作っているわけです。

　また、「海外生産」「大量生産」が悪いわけでもありません。ポイントは「買いたい」を作れるかどうか、なのです。

　例えば2023年現在、ワークマンが大人気です。人気の理由は「海外生産」「大量生産」による圧倒的な低価格と、「高い機能性」の掛け合わせで、「あなたから買いたい」を作っている点にあります。

『自社の強みと自負するのは、他社が手掛けない、機能性があって低価格というゾーンだ。高価格で機能性に優れた商品ゾーンには国内外のアウトドアブランドがひしめき、競争環境は厳しい。そのかわりワークマンは「低価格と高性能の2つの軸は外さない」』
（2020/12/07、日経MJ、14ページ）

『同じ商品を約5年は販売できるため、大量発注が可能だ。中国やミャンマーの取引工場に発注することで低価格を実現している』
（2020/12/11、日経MJ、7ページ）

高機能で低価格という、お客様が「買いたく」なるような魅力のある商品を作れるのは、大量発注によるものです。

　大量生産でありながら、「高機能」という独自性を保つことで「買いたい」を作っているのが2023年現在のワークマンです。「大量生産」「海外生産」が問題なのではなく、お客様の「買いたい」を作れているかどうかが重要だ、というのがよくわかる事例です。「買いたい」を作れた結果として「売上」が上がるのです。

戦略の「急所」が決める
KPI

「強み」が作る「あなたから買いたい」： 「強み」と2つの行動量指標

売上は「買いたい」の結果： 「買いたい作りは価値作り」

第1章では、お客様の「買いたい」を作れば、その結果として売上が上がる、ということを見てきました。

自社の商品・サービスが「売れる」のは、お客様が「買う」と決めた「結果」ですから、「売上」ではなく、お客様の「買いたい」を、そしてそれを数値化した「指標」を追えばいいのです。それが「追うべき指標」でありKPIとなります。

その端的な例として、お客様の「ありがとう」という言葉を増やせば売上が上がる、という居酒屋を紹介しました。「ありがとう」とお客様におっしゃっていただけるような料理を作り、接客をすれば、お客様に「買いたい」（この場合は「また来たい」）と思っていただけて、結果として売上が上がります。

では、どうすればお客様の「買いたい」を作れるのか、となりますよね。

お客様が商品・サービスなどを「買いたい」と思うのは、その商品・サービスがお客様に「うれしさ」「価値」をもたらす

からです。お客様がその商品・サービスに「価値」を認めるから「買いたい」と思うのです。

その「価値」や「うれしさ」、すなわちお客様が「買いたい」と思う理由を「ベネフィット」と呼びます。

このことを整理すると、以下のようになります。

●「買いたい」＝お客様がその商品・サービスに「価値」（＝ベネフィット）を認める

有名なのが、「ドリルを売るには穴を売れ」という命題です。マーケティングの大家、セオドア・レビット氏がその書中で紹介した考え方です。

お客様が「ドリル」を「買いたい」ときというのは、「穴をあけたいとき」です。お客様が買いたいものは、「ドリル」という「モノ」ではなく、ドリルがあけてくれる「穴」という「価値」なんです。

ドリルという「商品・サービス」ではなく、「穴をあける」という「価値」が大事だ、ということです。

この「買いたい」と感じる「価値」のことを「ベネフィット」と呼びます。どんなドリルを作るか、売るか、を考える前に、お客様がどんな材質のものに、どんな直径の、どんな深さの「穴」をあけたいか、という「価値」を考え、それにあったものを作る・売ることでお客様がドリルを「買いたい」と思うわけです。

B to C（個人顧客対象のビジネス）の場合、例えば「洗剤」で考えてみますと、お客様は「洗剤」という粉や液体が欲しい

のではなく、「服の汚れを落としたい」わけです。「服の汚れを落とす」というのが、洗剤がもたらすベネフィットですね。

　B to B（法人顧客対象のビジネス）でも同様です。B to Bのベネフィットには、以下のようなものがあります。

- ●稼ぎたい（利益を上げたい）：売上を上げたい、費用を下げたい、など
- ●人関連：人手不足を解消したい、従業員の安全性を高めたい、など

　例えば、法人顧客がD X（Digital Transformation：デジタル技術による変革）を導入する理由は、「顧客ニーズをつかんで売上を上げたい」「ムダな作業を減らして省力化したい」というような、価値（ベネフィット）を求めてのことです。

　まとめますと、**「買いたい作りは価値作り」**となります。

「強み」が作る「あなたから買いたい」

　しかし、「買いたい」を作るだけではまだ不十分です。なぜなら「競合」がいるからです。いくら「買いたい」を作っても「競合から買いたい」となってしまっては意味がありません。

　お客様に**「あなた（自社・自分）から買いたい」**と思っていただく必要があります。そうすることで、（競合ではなく）自社の売上につながるわけです。

　自社と競合で、よりお客様の「買いたい」（＝価値）を作った方がお客様に選ばれます。より正確には「1円あたりの価値」が高い方が選ばれます。同じ価値であれば、価格が安い方が選ばれる、ということです。

　つまり、

●「あなたから買いたい」と思っていただくためには、競合より高い（1円あたりの）「価値」「うれしさ」を提供する

ことが必要です。

　経営とはまさに（1円あたりの）「価値」「うれしさ」を巡る「競合」との競争であり、「買いたい作りの競争」なのです。

　先ほど「買いたい作りは価値作り」と申し上げましたが、「あなたから買いたい作りは、あなたにしかない独自の価値作り」です。そして、**あなたにしかない独自の価値を作るというのは、「強みを作り、それを伝え切る」ということです。**

　ここでいう「強み」とは「お客様が競合ではなく自社を選ぶ理由」、すなわち「あなたから買いたい理由」そのものです。あなたしか提供できない「独自の価値」が「強み」です。

　まとめると、以下のようになります。

「あなたから買いたい」＝あなたにしかない「独自の価値」の提供＝「強み」を作り、伝え切ること

・「買いたい」＝価値作り：買いたくなるような価値の高い商品・サービスを作り、その価値を伝え切る

・「あなたから」＝強み作り：自社・自分にしか提供できな

い「独自の」価値を提供する

そして、この「強み」を決めるのが「戦略」です。「戦略の考え方」は第３章で詳しく見ていきますが、ここでは、

● （競合ではなく）あなたから買いたい理由＝強み

となること、すなわち「強み」が「あなたから買いたい」を作るということをおさえておきましょう。

「あなたから買いたい」を作る ２つの方法とその指標

お客様に「あなたから買いたい」と思っていただくためには、次の２つの条件を満たす必要があります。

「あなたから買いたい」と思っていただくための２条件
① 「強み」（あなたから買いたい理由）が実際に存在する
② 「強み」（あなたから買いたい理由）がお客様に伝わっている

ですから、「あなたから買いたい」を作る方法は次の２つになります。

「あなたから買いたい」を作る２つの方法
方法１：自社の商品・サービスの「強み」を作る・強化する
方法２：「強み」をお客様に伝え切る

方法１：商品・サービスの「強み」を作る・強化する

これには、例えば独自の魅力を持つ商品・サービスを開発する、その開発に向けて研究開発を行う、価格競争力を磨く、などが含まれます。

方法２：「強み」をお客様に伝え切る

これには、例えば独自の魅力をCMやウェブ媒体（ホームページやYouTubeなど）、パッケージ、展示会、営業担当者のプレゼンテーション、などの各種媒体を通じて「メッセージ」としてお客様にわかりやすく伝える、などが含まれます。

例えば、人気のアイスクリーム、ハーゲンダッツでそれぞれについて考えてみましょう。

「ハーゲンダッツを買いたい理由」＝「強み」は、「コクのある濃厚な甘みとおいしさ」でしょう。ハーゲンダッツ（バニラ）の乳脂肪分は15％と競合よりも高く、それが競合にはない「コクのある濃厚な甘みとおいしさ」を提供できる１つの要因となっています。

ですから、ハーゲンダッツで言えば、

- 「強み」を作る：「コクのある濃厚な甘みとおいしさを持つアイスクリームを作る」
- 「強み」を伝え切る：「コクのある濃厚な甘みとおいしさを伝え切る」

となります。

お客様の「あなたから買いたい」理由である「強み」を作り、「強みを伝え切る」ことがマーケティングや営業の目的です。「ブランディング」と呼ばれるようなことも、結局はいかに「あなたから買いたい」という意識を短期的・長期的にお客様に持っていただくか、を目的としています。

　第1章で、「追うべき指標」（ＫＰＩ）には次の2つがある、ということを見てきました。

・**行動量指標（ＫＰＩ）**：お客様の「買いたい」を作った自社の行動量（＝行動の進捗指標）
・**反応量指標（ＫＰＩ）**：行動の結果としてのお客様の「買いたい」という反応量（＝ゴール達成の進捗指標）

　このうち「行動量」については、「強みを作る」ことと「強みを伝え切る」という2つのことが必要になりますから、「行動量指標」としての「追うべき指標」（ＫＰＩ）は、

●強みを「作る」という行動量指標
●強みを「伝え切る」という行動量指標

のどちらか（あるいは両方）ということになります。

　そして、「あなたから買いたい」を作るのは「強み」ですから、**「あなたから買いたいを作る」ための行動量指標も「強み」で決まる**ということになります。
　ハーゲンダッツの「強み」が「コクのある濃厚な甘みとおい

しさ」だとすると、それが「行動量指標」に直結します。

ハーゲンダッツの場合は、

- 強みを「作る」行動量：「コクのある濃厚な甘みとおいしさ」を持つアイスクリームを作る」ことの行動量
- 強みを「伝え切る」行動量：「コクのある濃厚な甘みとおいしさを伝え切る」ことの行動量

ということになります。

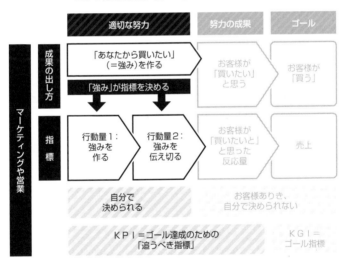

２つの行動量指標：強みを作る・強みを伝え切る

2 「あなたから買いたい」を作って売上を6倍にしたウタマロ石けん

「子どもの靴下の泥汚れ」を落とすウタマロ石けん

ここで、「あなたから買いたい」を作って実際に売上を上げている事例を紹介します。

株式会社東邦が販売する「ウタマロ石けん」です。子どもの靴下の泥汚れがよく落ちる石けんとして知られ、お子さんがいらっしゃる家庭の必需品です。

私にも娘がいますが、娘が幼稚園児だったときに欠かせない石けんでした。娘が小学生になった今でも使っています。

『ウタマロ石けんは2017年に16年比8％増の1271万個を販売。10年前から販売個数は約6倍に拡大』（2018/11/23、日経MJ、1ページ）

10年間で6倍、とはすごい成長ですね。
ウタマロ石けんが家庭用「石けん」という衰退市場にいるにもかかわらず成長できている理由は、その洗浄力の高さです。具体的には「子どもの靴下の泥汚れ」を落とせるのです。

小さな子どもは、靴下を汚して帰ってきます。私の娘も幼稚

園時代、帰宅すると靴下の裏が真っ黒になっていました。

この「子どもの靴下の泥汚れ」は、洗濯機ではよく落ちません。汚れ落ちをアピールしている洗剤でも、です。ですから「子どもの靴下の泥汚れ」は親の悩みの種です。

しかし！　ウタマロ石けんで靴下の汚れているところを部分洗いしてから洗濯機で洗うと、落ちなかった泥汚れが魔法のように落ちるんです！

このような理由で、小さな子どもを持つ親の必需品として広がっている、というのが売上6倍の秘密だと思います。

「他の洗剤では落とせない、子どもの靴下の泥汚れを落とせる」というのがウタマロ石けんの「強み」＝「あなたから買いたい」理由になっています。

実際、ウタマロ石けんもそれを訴求しています。ホームページ＊から一部を抜粋してみます。

＊ https://www.e-utamaro.com/products/sekken

....

ユニフォームの泥汚れ
あきらめていた泥汚れもしっかり落として白く！

くつ下の汚れも
皮脂汚れや泥・土などのガンコなくつ下汚れもキレイに落ちる！

....

この「強み」が刺さる顧客はもちろん、「子どもの靴下の泥汚れに悩む親」ですね。強力な「強み」はありそうです。

ここで「あなたから買いたい」を作る方法が2つあったこと

を思い出してください。

- 買いたいを作る方法１：商品・サービスの「強み」を作る・強化する
- 買いたいを作る方法２：「強み」をお客様に伝え切る

　ウタマロ石けんには既に強力な「強み」がありますので、新たに強みを作る必要はありません。

　しかし、大きな課題があります。「子どもの靴下の泥汚れが落ちる」という「強み」をお客様に伝え切るのが難しいのです。

　TVCMで、「子どもの靴下の泥汚れが、ものすごく、大変、素晴らしく、超超超超落ちるんです！」と「強み」を連呼しても、その汚れ落ちの良さは伝わりません。洗剤のCMはどれもみな「汚れ落ち」を訴求しますから、TVなどの広告媒体だけでは「強み」を「伝え切る」ことが難しいのです。

　つまり、ウタマロ石けんは、強みを「伝え切る」方に大きな課題があったのです。

試せばわかる：「試す」ことで「買いたい」が生まれる

　そこで、ウタマロ石けんは強みをお客様に「伝え切る」ために素晴らしい工夫をしました。

　『毎週末、３人の社員が店頭やイベント会場で部分洗いを実演しながらサンプル品を配布。サンプル品の数は年間50万個に上る。東邦の売り上げ規模は約20億円、従業員数45人だが、大手日用品メーカーの液体洗剤で一般的なサンプル配布数と肩を並べる。「実際に使っ

てもらい、部分洗いを実感する体験を通じて魅力をアピールする」(西本社長)』(2018/11/23、日経MJ、 1 ページ)

　汚れが落ちる実演をし、サンプルを配布して売上を伸ばしているんです。年間50万個のサンプル配布というのは顧客ターゲット（小さな子を持つ親）の数を考えれば、すさまじい数です。

　ウタマロ石けんの「強み」を伝え切るためには、**実際に使ってもらうことが極めて有効**です。
　「子どもの靴下の泥汚れがよく落ちる」という**「強み」**は、**実際に使ってみればわかる**のです。使ってみるとその汚れ落ちの良さに驚いて、買いに行くわけです。

　ウタマロ石けんはもともと持っていた強みを、お客様に「伝え切る」ことで「あなたから買いたい」を作り、10年で販売個数を 6 倍まで伸ばしてきたのです。

　ここで、次ページの図をご覧ください。

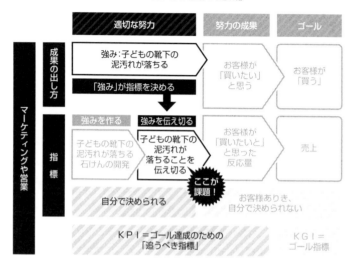

ウタマロ石けんの戦略の「急所」

	適切な努力	努力の成果	ゴール
成果の出し方	強み：子どもの靴下の泥汚れが落ちる	お客様が「買いたい」と思う	お客様が「買う」
	「強み」が指標を決める		
指標	強みを作る／強みを伝え切る 子どもの靴下の泥汚れが落ちる石けんの開発 子どもの靴下の泥汚れが落ちることを伝え切る ここが課題！	お客様が「買いたいと」と思った反応量	売上
	自分で決められる	お客様ありき、自分で決められない	

マーケティングや営業

ＫＰＩ＝ゴール達成のための「追うべき指標」　ＫＧＩ＝ゴール指標

　この図の中で、ウタマロ石けんの課題となっていたのは、中央部の「子どもの靴下の泥汚れが落ちることを伝え切る」ことです。それを「お客様に実際に試していただく」という方法で実行しました。

　ただ、その「試していただく」ことの難しさは、顧客ターゲットに確実に届けるところにあります。顧客ターゲットでない方にサンプルを渡しても意味がありません。
　顧客ターゲットは、「子どもの靴下の泥汚れに悩む親」です。大型ターミナル駅の駅前で無作為にサンプルを配布しても、顧客ターゲットに届く確率は相当に低いはずです。

　この「顧客ターゲットに確実に届ける」ことが「真の課題」

だったと言って良いかもしれません。

戦略の「急所」：
サッカーイベントでサンプル配布

そこで、ウタマロ石けんが「顧客ターゲットに確実に届ける」ために取った施策が……、

『11月中旬、広島市で開かれた親子向けサッカーイベント。泥んこになって遊ぶ子どもたちの傍ら、緑色の固形せっけんが母親の視線を集めた。せっけんの名は「ウタマロ石けん」。会場の一角で、エプロン姿の男性がごしごしと部分洗いを実演。「しつこい泥汚れがこんなに簡単に落ちるなんて」。驚いた表情の30代の主婦は、エプロン姿の男性から手渡しされたサンプル品を持ち帰った』（2018/11/23、日経MJ、1ページ）

ウタマロ石けんのサンプルを『親子向けのサッカーイベント』で配るわけですね。

なぜ「親子向けサッカーイベント」かというと、そこに顧客ターゲット、すなわち「子どもの靴下の泥汚れに悩む親」がいるからです。サッカーは「子どもの靴下の泥汚れ」度合いが極めて高いスポーツですから、そこにいる親はほぼ間違いなく「子どもの靴下の泥汚れに悩む」人です。

「親子向け」ですから、当然親がいます。例えば、父親と子どもがサッカーをしている間、手持ち無沙汰になっている母親にウタマロ石けんで泥汚れが落ちる「実演」をすると、その汚

れ落とし力に驚くわけです。そのタイミングでサンプルを配布し、家でお使いいただければ、子どもの靴下の泥汚れが落ちることを実感していただけます。

そして、ウタマロ石けんはスーパーやドラッグストアで売っていますから、お客様は次はそこに買いに行きます。

そして、ここまでの、

- 顧客ターゲットである「子どもの靴下の泥汚れに悩む親」に、
- その顧客ターゲットがいる「親子向けサッカーイベント」で実演して汚れ落ちを実際に見ていただき、
- サンプルを配布して実際に使っていただく

という一連の施策が、**ウタマロ石けんの「買いたいを作る行動」となっている**ことがわかります。

これが、**ウタマロ石けんの戦略の「急所」**となっているのです。

ここでいう「急所」はお客様の心の中にあるボタンのようなものです。そのボタンを押すと、お客様の「買いたいランプ」が点灯します。そして、「あなたから買うよ！ むしろぜひ買わせて！」と言ってくれるようになります。

つまり、

- 戦略の「急所」＝お客様の「あなたから買いたい」が一気に高まる点＝お客様の「あなたから買いたいボタン」

です。

　ウタマロ石けんの「急所」は、お客様にウタマロ石けんを実際に使って試していただき、その洗浄力を実感していただくことなんです。一言で言えば「試せばわかる」です。

　逆に、ウタマロ石けんは使っていただかないと効果がわかりにくい（＝「買いたい」が作れない）商品ということでもあります。ＣＭなどで効果を連呼しても、お客様が「強み」を実感しにくいのです。試していただく以外の打ち手が少ないのです。
　だからこそ、「買いたい」を作るにあたって、「顧客ターゲットに試していただく」ことが必須となります。

　この「顧客ターゲットに試していただく」ことが、「必須ではあるが、実行が難しい」という意味で、自社から見ると「戦略上の最重要課題（の１つ）」となっていました。
　その課題を解消したのが、「親子向けサッカーイベントでサンプルを配付する」という「行動」です。これがまさに「戦略の急所」でした。
　ウタマロ石けんを「買って買って買って」とお願いするのではなく、「試せばわかる」という「急所」に刺すことでお客様が「買いたい」と思うからこそ、売上が10年で6倍になったんですね。

　なお、この戦略の「急所」は、戦略によって、そして商品・サービスによって変わります。「試せばわかる」のが「急所」になるのは、あくまでウタマロ石けんの戦略・状況だからこそ

です。

ウタマロ石けんの「追うべき指標」（KPI）

では、この「ウタマロ石けん」の事例を使いながら、「追うべき指標」の理解を深めていきましょう。

ウタマロ石けんのレベルまで**急所が明確になっていれば、「追うべき指標」（KPI）は自動的に決まります。**

KPIには、「行動量指標」と「反応量指標」の2つがありました。

> ・**行動量指標（KPI）**：お客様の「買いたい」を作った自社の行動量（＝行動の進捗指標）
> ・**反応量指標（KPI）**：行動の結果としてのお客様の「買いたい」という反応量（＝ゴール達成の進捗指標）

「子どもの靴下の泥汚れが落ちる」というのがウタマロ石けんの「強み」であり、「あなたから買いたい」理由でした。ただ、その「強み」は口で言うだけでは伝わりにくいので、実際に使って試していただき、泥汚れが落ちることを実感していただくことが、お客様に「強みを本当に意味でご理解いただく」上でのカギとなります。

その「強み」を具体的な「行動」に落とし込んだのが、戦略の「急所」である**「試せばわかる」**です。お客様に実際に試していただくと、「ウタマロ石けんを買いたい」が生まれるのです。

となると、「試してもらった人数」が「追うべき指標」（KPI）となります。整理しますと、

- **急所**：試せばわかる＝試してもらえれば、強みが伝わり売上が上がる
- **行動量指標（KPI）**：サンプルを配布した顧客ターゲットの人数
- **反応量指標（KPI）**：サンプルを試し、汚れ落ちを実感した人の数
- **最終ゴールの指標（KGI）**：店に買いに行った人の数（＝売上）

ウタマロ石けんの「追うべき指標」

となります。ここで、「追うべき指標」（KPI）は「売上」で

はないことがわかります。

　追うべきは、

> ・**行動量指標（ＫＰＩ）**：サンプルを配布した顧客ターゲットの人数
> ・**反応量指標（ＫＰＩ）**：サンプルを試し、汚れ落ちを実感した人の数

のどちらかです。これらを増やせば、「買いたい」が作れ、売上は結果として必然的に上がります。売上を追う必要がなくなるのです。

　行動量指標と反応量指標のどちらを追うべきか、ですが、前述の通り、「自社の行動量」と「顧客の反応量」が相関していれば、どちらを追っても問題ありません。

　この場合は、「自社の行動量」と「お客様の反応量」はほぼ等しい、と言えそうです。顧客ターゲットが「子どもの靴下の泥汚れに悩む親」ですから、石けんのサンプルがこの顧客ターゲットに届けば（＝行動量指標）、お客様はほぼ間違いなくサンプルを使う（＝反応量指標）だろうと推測できるからです。

　ですので、「**行動量**」と「**反応量**」のどちらを追っても良い、ということになりますが、この場合は「行動量」である「サンプルを配布した顧客ターゲットの人数」を追う方が作業としてラクだと思います。

　今回は「**サンプルを配布した顧客ターゲットの人数**」がウタマロ石けんの「**追うべき指標**」、すなわちＫＰＩとなります。

　「サンプルを配布した顧客ターゲットの人数」が多ければ多いほど、ウタマロ石けんの「強み」を実感する人が増えます。すると、その方々が「買いたい」と思い、スーパーやドラッグストアに買いに行きます。すると、売上が上がります。

　そのために、年間50万個という大量のサンプルを配布しているわけです。それがウタマロ石けんにとって、売上を上げるための「適切な努力」であり、「追うべき指標」なのです。

　経営者は「売上を増やせ！」と叫ぶ必要はありません。
　「追うべき指標」（KPI）である「サンプルを配布した顧客ターゲットの人数」を増やす方法を考え、実行していけばその「結果」として売上が上がるんです。

　そしてそれは、「特売での安売り」などに比べて、極めて「**適切な売上向上策**」となります。

　ウタマロ石けんには、もともと「子どもの靴下の泥汚れが落ちる」という「強み」がありました。この「強み」を伝え切れれば、「買いたい」を生み出せます。そのための具体的な手法がサンプルの配布です。

　「売上」という「結果」を追うのではなく、サンプルを配布して「強みを伝え切る」ことで、「売上が10年で6倍」になるという「結果」を得られました。そしてそれは、「**試せばわかる**」**という戦略の急所を刺したことで実現されたんです。**

　とても上手に「買いたい作り」をして、「売上」につなげている事例です。これが、本書で目指すべき姿の1つです。

お客様の「買いたいボタン」が押される「急所」

ここまで見てきたことを一旦まとめておきましょう。

　成果を出す方法は、「適切な努力」を増やすことです。
　受験の場合は、「適切な勉強」が「適切な努力」です。「適切な勉強時間」という「行動量」を増やすと、「偏差値」という「反応」がどう変わるかを見ていきながら、「適切な勉強時間」を追うことで、「偏差値」が上がり、「合格」というゴールに近づいていきます。

・**行動量指標（ＫＰＩ）**：偏差値を上げるための行動量（＝行動の進捗指標）＝適切な勉強時間
・**反応量指標（ＫＰＩ）**：行動の結果としての市場からの反応量（＝ゴール達成の進捗指標）＝偏差値
・**ゴール指標（ＫＧＩ）**＝結果としての合格率向上（＝ゴール達成）

　マーケティングや営業の「適切な努力」は「買いたい作り」です。売上は、「売上を追った結果」として生まれるものではなく、お客様の「あなたから買いたい」が作られた結果として生まれます。
　お客様の「あなたから買いたい」を作るには、２つの条件が揃っている必要がありました。

　●「強み」（あなたから買いたい理由）が実際に存在する

●「強み」（あなたから買いたい理由）がお客様に伝わっている

ですから、「あなたから買いたい」を作る方法は次の２つ。

●買いたいを作る方法１：商品・サービスの「強み」を作る・強化する
●買いたいを作る方法２：「強み」をお客様に伝え切る

この２つの方法それぞれに、行動量指標が必要になりますから、「あなたから買いたい」を作る行動量指標は、

●強みを「作る」という行動量
●強みを「伝え切る」という行動量

という２つになります。その行動量を増やしていくことで、お客様からの「あなたから買いたい」という「反応量」が増えていくはずです。それが「反応量指標」になります。

ここまでをまとめますと、以下のようになります。

> ・**行動量指標（ＫＰＩ）**：お客様の「買いたい」を作った自社の行動量（＝行動の進捗指標）
>   ・強みを「作る」という行動量
>   ・強みを「伝え切る」という行動量
> ・**反応量指標（ＫＰＩ）**：行動の結果としてのお客様の「買いたい」という反応量（＝ゴール達成の進捗指標）
> ・**ゴール指標（ＫＧＩ）**：結果としての売上向上（＝ゴール

達成）

　ウタマロ石けんの場合は、以下のようになりました。

- **行動量指標（ＫＰＩ）**：お客様の「買いたい」を作った自
  社の行動量
  - ・強みを「作る」という行動量　→　不要：強みは既
    に存在するためにこの時点では不要
  - ・強みを「伝え切る」という行動量　→　重要：サン
    プルを配布した顧客ターゲットの人数
- **反応量指標（ＫＰＩ）**：サンプルを試し、汚れ落ちを実感
  した人の数
- **ゴール指標（ＫＧＩ）**：店に買いに行った人の数（＝売上）

　このウタマロ石けんの事例からわかるＫＰＩのポイントは、
ＫＰＩとは「強みの実行量」そのものだ、ということです。
　「子どもの靴下の泥汚れが落ちる」という「強み」を、お客
様に実感していただくのが「買いたい作り」になります。そし
て、そのための具体的な「行動」が、「サンプルを渡して使っ
ていただく」ということです。
　ですから「追うべき指標」（ＫＰＩ）はその「サンプル配布数」
という「行動量」の指標となるわけです。

　そして、その「買いたい」を作るカギが戦略の「急所」でし
た。ウタマロ石けんの場合は「試せばわかる」が戦略の「急所」
となりました。その「急所」がＫＰＩを導いたのです。
　ここからは、その戦略の「急所」についての理解を深めてい

きましょう。

戦略の「急所」 ＝お客様のココロの「買いたいボタン」

「強み」がお客様のココロの「急所」に「グサリと刺さる」と、お客様の「買いたいランプ」が点灯し、お客様に「それ、スゴク買いたい！」と思っていただけます。

そのお客様の「買いたいボタン」がまさに、戦略の「急所」です。つまり、

●戦略の「急所」＝お客様の「あなたから買いたい」が一気に高まる点＝お客様の「あなたから買いたいボタン」

で、そこをつくと、お客様の「あなたから買いたい」度合いが急激に高まる点です。まさにお客様の「ココロの急所」にグサリと刺さるものであり、押せばお客様の「買いたいランプ」がピコンと点灯するような瞬間が「急所」です。

例えば、ウタマロ石けんの場合は、実際に使ってみて試してもらったときが「買いたいランプ」がつく瞬間でした。ですので、お客様がサンプルを受け取り、自分で使って「試す」ということが戦略の「急所」となります。

「急所」を正確に定義しますと、

●戦略の「急所」＝お客様の「あなたから買いたい」が生まれる「自社の行動」と「顧客の反応」の相互作用点

です。

「相互作用」と申し上げているのは、一方向ではなく、自社とお客様の「やりとり」で生じるからです。自社の「行動」とお客様の「反応」の相互作用によって起きます。

ウタマロ石けんの急所（売り手と顧客の相互作用）はこうなります。

- 自社の行動：実演して見せ、子どもの靴下の泥汚れに悩む親（顧客ターゲット）にサンプルを渡す
- 顧客の反応：実演で汚れ落ちに驚き、サンプルを使って子どもの靴下の泥汚れが落ちることを実感する

自社の「適切な行動」と、それに対する「お客様の反応」がかみ合い、相互作用を起こし、「それならあなたから買いたい」とお客様が考えるようになるという点が戦略の「急所」となります。

自社とお客様の相互作用ですので、**戦略の「急所」は、自社とお客様の間にある**、ということになります。

戦略の「急所」という考え方が必要になる理由

ここで、「『急所』なんて言葉を使っているけど、これって結局『強み』のことでは？」と思われたあなた、本当に素晴らしいです。実はその通りです。戦略の急所とは**「お客様の『あなたから買いたい』が一気に高まる点」**でした。そしてそれは、強みを作り、その強みがお客様に伝わり切った瞬間そのもののことです。

　では、なぜあえて「急所」などという概念をわざわざ持ちだしたかというと、理由は2つあります。

理由1：「強み」を具体化し、実現性・実効性を高める

　まず、「強み」を具体化する必要性があるからです。私の数千人の指導経験・コンサルティング経験から、確信を持って言えるのですが、「この商品・サービスの強みは何ですか？」と伺うと、

- 高性能
- 高品質
- 安心・安全
- 生産性を高める
- 耐久性が高い

などの、「ふわっとした言葉」のオンパレードになります。かなりの高確率で、です。

- 「強み」を定義するときに、「強み」という表現を使うとどうしても粗っぽくなってしまう

のです。「概念」のレベルで止まってしまい、「行動」にまで落ち込んでこないのです。**はっきり言えば、上記の表現は全てNGワードです。**

　例えば、ウタマロ石けんの「強み」を考えようというと「子

どもの靴下の泥汚れが落ちる」レベルの具体的な言葉は出てきません。「洗浄力が高い」ならまだかなり具体的な方で、「高品質な石けん」というような粗っぽい言葉になってしまうんです。

これの問題は大きく2つあります。

1つ目の問題は「独自性」です。

粗っぽい言葉だと競合でも言えてしまい、「独自性」がなくなります。「高性能」「高品質」などは、超広範囲な表現ですから、ほとんどの商品・サービスで言えてしまいます。それでは差別化できないため、**「あなたから」**買いたいが作れない（「競合から買いたい」となりかねない）のです。

「安心・安全」も同じです。あなたが食品を売ろうとしているとき、他の全ての競合の商品が毒入りで「食べたら死ぬ」というときは、あなたの食品は唯一の「安心・安全」で差別化できます。そうでもない限り、「安心・安全」は全ての食品に言えてしまい、「強み」になりません。

「安心・安全」なら、「どのように競合と違う安心・安全なのか」と、徹底的に具体化していく必要があります。

もう1つの問題は「具体性」がないと**お客様に全く刺さらない**ことです。刺さる刺さらない以前に、全くわからない、ということもあります。

例えば、あなたは「このパソコンは高性能です」と言って、「よし、これを買いたい！　すぐ買おう」と思いますか？　「高性能って具体的にどういうこと？　それは私にとってどういいの？」という疑問がアタマに浮かびますよね。「高性能」と言っ

て売れるのなら、誰も苦労しないのです。

　私は、私のコンサルティングなどのお客様が「高性能」という言葉を使ったら、「何がどう高性能で、競合に言えず自社にしかない高性能とは具体的にどんなことで、その高性能はお客様にとって何がどう具体的にうれしいんですか？」と伺います。

　「急所」という言葉の役割は、そのような「粗っぽく定義されがちな強み」を、

- 独自性：競合には言えず、自社だけが言えるように、
- 具体性：お客様のココロにグサっと刺さり、買いたいボタンをピコンと光らせるレベルまで

鋭く尖らせることです。そのために「急所」という強い言葉を意図的に使わせていただいています。

　「急所」という言葉を使うことで、戦略を具体化するという意識付けになるんです。

　石けんの強み、というと、「高い洗浄力」のようなふわっとした表現になりがちです。そうではなく、「子どもの靴下の泥汚れが落ちる」というレベルまで鋭くできれば、競合には言えませんし、お客様のココロにも刺さります。

　逆に、もう自社の強みの表現が「子どもの靴下の泥汚れが落ちる」レベルまで具体化できているのであれば、「急所」を考える必要はありません。素晴らしいです。その「強み」をお客様に「伝え切る」ことができれば、刺さるはずです。

理由２：お客様との「相互作用」を意識する

「強み」を定義する際のもう１つの問題は、自社→顧客、という片方向になってしまいがちであるということです。

「強み」とは、「お客様が競合ではなく自社を選ぶ理由」であり、「あなたから買いたい」理由です。「強み」はあくまでお客様が決めるものなのです。

しかし、その意識がどうしても薄まりがちになり、「自社の、自分の、私たちの」強み、すなわち自社→顧客、という「片方向」の発想になってしまいます。

戦略の「急所」は、自社とお客様の「相互作用点」であり、「双方向」です。自社の行動だけでは成立しません。

通常、戦略の「急所」は、

● 「お客様が〇〇さえすれば、お客様があなたから買いたくなる」

という表現で表されます。

ウタマロ石けんの戦略の「急所」は、「お客様に試してさえいただければ、お客様が買いたくなる」です。一言で言えば**「試せばわかる」**です。

この「〇〇さえすれば」がわかっているということは、お客様の「買いたい」を満たす条件を理解している、ということです。すなわち、「急所がわかる」ということは、

- 自社が具体的に何をすると、お客様の「あなたから買いたい」が生まれるか、その瞬間はいつなのかが正確にわかっている

ということです。あえて「急所」という言葉を使うのは、

- 結局何をすればお客様に刺さるのか、どうすれば「買いたい」ボタンが点灯するのか

とお客様の「反応」（＝ココロの動き）に意識を向け、「要は具体的にどんなことをすればお客様の『買いたい』という強い反応が生まれるのか」を徹底的に、徹底的に考え抜くためです。

　例えば石けんの場合、「汚れがよく落ちる」という「強み」の表現では粗すぎます。現在売られている全ての石けんは「汚れがよく落ちる」でしょうから、「強み」になりません。
　「子どもの靴下の泥汚れ」まで具体化することで、初めて「子どもの靴下の泥汚れ」に悩む人に刺さるわけです。なぜなら、ウタマロ石けんの顧客ターゲットは「子どもの靴下の泥汚れ」に困っており、それができる石けんが他になさそうだ、ということを知っているからです。

　戦略や「強み」を考えていくときに、「**ふわっとした言葉はNGワード**」というのは、ぜひ意識していただきたいポイントです。

なお、ウタマロ石けんの「試せばわかる」は典型的な急所の１つですが、「試せばわかる」の他にも自社の戦略や状況に応じて色々な急所がありえます。例えば、

- ●「知ればわかる」：商品の特徴を知ってさえもらえれば、高確率で売れる
- ●「見ればわかる」：作り方や構造などを「見る」ことで、高確率で売れる
- ●「話せばわかる」：対面商談に持ち込めば高確率で契約していただける
- ●「見積もりを出せば勝てる」：見積もりさえ出せれば、価格でほぼ勝てる

などです。どの会社にも万能な急所というのはありません。なぜなら、戦略や強みのパターンに「万能」なものがなく、会社・商品・サービスによって異なるからです。
　ただ、ある程度のパターンがあることはわかっています。このような急所のパターンは、第5章で見ていきます。

　この「急所」がわかると、自社の行動をそこに集中させていくことで高い成果（売上）が期待できます。「試せばわかる」のであれば、「試してもらえれば売れる」わけですから、「試してもらう」ことに自社の行動を集中すれば、売上が上がります。ですから、「試してもらう」ことを「追うべき指標」すなわちＫＰＩにするわけです。

「どうでも良い誤差」を作っても、お客様には意味がない

大切なのは、あくまで「あなたから買いたい」を作ることです。

家電業界などが陥りやすいワナですが、「お客様にとっては無価値な微少な差」を強みにしようとすることがあります。例えば、競合は1200ワットだが、自社は1205ワット、というような「誤差レベルの性能の差」を強みにしようとするわけです。

その5ワットの差でお客様が「あなたから買いたい」を作れればいいですが、なかなか難しいでしょう。

「競合にはできない」から「あなたから」買いたいになるわけです。1200ワットではできないが1205ワットなら「あなたから買いたい」を作れる、ということがあればいいですが、そうでなければ「誤差」です。

「あなたから買いたい」を作るには、次の2つの要因が必要です。

- ●競合にはマネできない・ないものである
- ●お客様の「買いたい」を作れる（＝お客様にとって大きな価値がある）ものである

「子どもの靴下の泥汚れ」が落とせる、というウタマロ石けんは、両方の条件を満たしているからこそ、人気になっているわけです。

「強み」を作って入館者を3倍にした「クラゲ水族館」

「強み」をゼロから作った「クラゲ水族館」

「あなたから買いたい」を作って実際に売上を上げている事例を、ここでもう1つ紹介します。

「あなたから買いたい」を作る方法は2つありました。

- ●買いたいを作る方法1：商品・サービスの「強み」を作る・強化する
- ●買いたいを作る方法2：「強み」をお客様に伝え切る

ウタマロ石けんは、上記のうちの「方法2：『強み』をお客様に伝え切る」が急所になっていた事例でした。

次は、もう一方の「方法1：商品・サービスの『強み』を作る・強化する」が急所となった事例を紹介します。山形県鶴岡市立加茂水族館、通称「クラゲ水族館」の事例です。

今となっては「クラゲで有名な水族館」としてメジャーな存在となりましたが、クラゲ展示を始める前は、存続が危ぶまれる状態で、加茂水族館のホームページに掲載された「館長想い出語り12」*によると、当時の館長（村上龍男氏）が家を担保

に入れるような状態でした。

   ＊ http://kamo-kurage.jp/kanchobog/20120512/

  「強みがなかった」状態ですので、新たな「強みを作る」必要がありました。当時はラッコが人気だったこともあり、ラッコの飼育・展示を始めるもすぐに飽きられ、入館者数は増えませんでした。

  そもそも周りでラッコが人気だから、と言って、自分たちもラッコを展示しても、それでは差別化できず、「あなたから」買いたいを作れません。

  それでどうしたかと言うと……？

『入館者が9万人まで落ち込み閉館寸前だった1997年、サンゴに付着したクラゲを偶然見つけて育てたのが始まり』（2012/09/09、日経MJ、4ページ）

  1997年、入館者数が史上最低を記録する中、サンゴの水槽で偶然クラゲの赤ちゃんが誕生します。このクラゲの赤ちゃんに子どもが飛びつき、大人気となったのです。

  今でこそ、このクラゲ水族館が人気になったこともあり、多くの水族館がクラゲの展示コーナーを設けています。しかし当時はクラゲの展示というのは希少だったようです。

  そして、クラゲの人気に目を付け、クラゲの展示を増やしました。すると、入館者が増えるのです。

『入館者数が10万人を割った平成9年に始めたクラゲ類の展示が話題を呼び、初めて入館者が増加に転じた』『平成20年度はノーベル

賞効果も有り19万人を越える見込みである』（加茂水族館・奥泉和也氏、日本水産学会誌、2009年75巻2号*)

＊ https://www.jstage.jst.go.jp/article/suisan/75/2/75_2_297/_article/-char/ja/

と、約10年で入館者数が2倍になりました。

「クラゲの展示種数を増やすと、入館者が増える」という「急所」を発見したのです。「クラゲ」がお客様の「買いたい」、すなわち「あの水族館に行きたい」を作ったわけです。

『加茂水族館は1997年にクラゲの展示を開始、評判を呼んだため種類を徐々に増やし、2001年には12種類で日本一に。07年に30種類以上になり、今年2月ギネスに申請した』（2012/04/08、日本経済新聞、朝刊30ページ）

そしてついに2012年、クラゲの展示種類数がギネス記録として認定され、自他共に認める「世界一のクラゲ水族館」となります。

何もないところから、「クラゲ」という強み（＝「あなたから買いたい」）を作り、15年間でギネス記録として認定されました。ギネス記録を取得した2012年に入館者数が27万人と、15年で入館者数が3倍になり、今では山形県屈指の人気スポットとなりました。

ゼロから「クラゲ」という強みを作り、お客様の「あなたから買いたい」（＝この水族館に行きたい）を作りました。まさに**「商品・サービスの『強み』を作る・強化する」が急所となっ**

た事例です。

戦略の「急所」：クラゲを増やそう！

この水族館は、「クラゲという「強み」を強化していけば、入館者が増える」という急所をつかんだのです。

「急所」を見つけてしまえば、あとはその急所の「行動量」を増やしていけば入館者は増えます。つまりは「今日もクラゲ、明日もクラゲ、来月もクラゲ、来年もクラゲ」です。具体的には……、

『隣接した今泉漁港に採集船をもち凪の日には毎日採集に出ている』『ほぼ毎日採集を続け10年間で64種のクラゲの採集に成功した』（加茂水族館・奥泉和也氏、日本水産学会誌、2009年75巻2号）

ひたすらクラゲを増やす努力を重ねたわけです。まさに、**今日もクラゲ、明日もクラゲ、ですね。それがお客様の「あの水族館に行きたい」という「買いたいを作る行動」となるの**ですから当然です。

と同時に、その「強み」を「伝え切る」べく、クラゲの魅力の発信にも努めました。

『小学生以上を対象に「クラゲ学習会」を行っている』（加茂水族館・奥泉和也氏、日本水産学会誌、2009年75巻2号）

これなどは、典型的な「強みを伝え切る」ための取組です。

また、「クラゲを食べる会」というユニークな取組もしています。

『「人気に弾みがついたのは、2000年にクラゲの展示種数が15種類と日本一になったことを宣伝するために開催した『クラゲを食べる会』でした。クラゲの寿司やしゃぶしゃぶなどのユニークな料理を提供したところ話題となり、全国に知られるようになりました」と加茂水族館総務課の渡辺葉平さんは話す。その後も、館内のレストランでクラゲ入りのラーメンやアイスクリーム、クラゲの刺身の定食などの提供を始めたところ大人気となった』（内閣府ホームページ「水族館を救ったクラゲ」＊）

　＊ https://www.gov-online.go.jp/eng/publicity/book/hlj/
　　html/202004/202004_04_jp.html

　珍しさがあることは言うまでもありませんが、変な話、「獲れたてのクラゲ」が味わえるわけですよね。ちなみに私もクラゲラーメンをこの水族館から取り寄せていただいてみましたが、思いの外（というと失礼ですが）おいしくて、驚きました。

　徹底して「クラゲ」という「急所」に絞り、「あなたから買いたい（この水族館に行きたい）」を作った結果、大人気の水族館となりました。

クラゲ水族館の追うべき指標（ＫＰＩ）

　クラゲ水族館の戦略の「急所」は、「クラゲを増やせば入館者数が増える」ということでした。となると、「買いたいを作る行動」は「クラゲの展示種数を増やすこと」です。

・**急所**：クラゲを増やせば入館者数が増える
・**行動量指標（KPI）**：クラゲの展示種数
・**反応量指標（KPI）**：クラゲ（の展示種数など）に魅力を感じた人の数
・**最終ゴールの指標**：来館者数（＝売上）

クラゲ水族館の「追うべき指標」

なぜ「展示種数」が重要なのかというと、水族館というビジネスの性質上、近隣の方々が主要顧客セグメントの1つとなるからです。

つまり、リピート（また来たい）が重要になります。

「また来たい」と思っていただくためには、何らかの変化や

新しいニュースが必要になります。「クラゲ」に絞っている以上、それは「新しいクラゲ（の種類）」となるでしょう。

　新しいクラゲが増えるほどに、「クラゲが増えたから、また行きたい」となるのだと思われます。ディズニーランドが新しいアトラクションを増設するのと同じようなものですね。

　もちろん、地元客ではない方（例えば仙台市などの近隣の大都市の方など）にとっては、「クラゲの展示種数が日本一・世界一レベルで多い」ということ自体が魅力になります。

　このような理由で、「クラゲの展示種数」が急所となるわけです。

　ウタマロ石けんは、以前から「強み」（子どもの靴下の泥汚れがよく落ちる）がありましたから、それを「伝え切る」ことが急所となりました。

　それに対して、クラゲ水族館にはもともと「強み」と言えるものがありませんでしたから、ゼロから強みを「作る」ことが必要でした。ですから、強み（クラゲ）を「作る」ことが急所になったのです。

　これら２つの事例はどちらも、「売上」や「入館者数」を増やそうとしたのではありません。「買いたい」「行きたい」を作ったら、結果が出たという点が共通しています。

　急所は、このように「強みを『伝え切る』こと（ウタマロ石けん）」か、「強みを『作る』こと（クラゲ水族館）」のどちらかとなることが多いのです。

　なぜなら、「あなたから買いたい」を作るのは「強み」だか

らです。強みを作る・伝え切ることが「あなたから買いたい」を作るのです。

なお、クラゲ水族館のように、ゼロから強みを作る、という場合には、

- 買いたいを作る方法１：商品・サービスの「強み」を作る・強化する
- 買いたいを作る方法２：「強み」をお客様に伝え切る

この両方が必要になります。強みを作り、かつ伝え切る、ということです。

ただ、クラゲ水族館の場合は、市の施設だということもあり、ニュースとして取り上げられやすいので、「伝え切る」ことについてはやりやすいでしょう。

ですので、強みを「作る」（＝クラゲの展示種数を増やす）ことが戦略の「急所」となった、と私は考えています。

4

戦略の「急所」を探す
2つのアプローチ

「急所」を探すのは難しい

ここまで、ウタマロ石けんとクラゲ水族館という2つの事例を通して、戦略の「急所」と、それが導く「追うべき指標」（KPI）について見てきました。

戦略の「急所」が決まれば、「追うべき指標」（KPI）は自動的に決まることがこれらの事例からわかります。

問題は、その「急所」を探すことがそれほど容易ではない、ということです。「急所」は「戦略の実行」そのものであり、その「戦略」が会社によって違うため、「急所」も会社によって変わります。

全ての会社にあてはまる「急所」などはないからこそ、全ての会社あるいは商品・サービスについて、1つ1つ急所を丁寧に考えていくしかありません。

私は色々なところで、顧客企業と一緒にその企業の「急所を探す」ということを数百名以上の方と行っています。その経験に基づくと、ご自身ですぐに急所を見つけられる方は全体の2割くらいに留まります。特に、お客様と多く接していらっしゃ

る方はすぐに急所が「ピン」と来るようです。残りの8割の方は、私と話しながら一緒に考えることで、「急所の仮説」を見つけられます。

　読者のみなさんにはご自身で見つけていただくことになりますので、「どうやって急所を探すのか」というのが問題になるかもしれません。

　本書では、私のこれまでの知見・経験から、大別して2つの「急所」を探すアプローチを見ていきます。

　1つは、「戦略を徹底的に具体化する」というアプローチ（戦略BASiCS）で急所に迫ります。それがこの次の第3章になります。

　もう1つは、「お客様の購買意思決定プロセスを追う」というアプローチ（マインドフロー）で急所に迫っていきます。それが第4章の内容となります。そして、第5章では急所の「パターン」を見ていきます。

　なお、探し出した**「急所の仮説」をどう検証していくか**というと、**お客様に確認するというのが王道です。なぜなら、急所は「お客様の『あなたから買いたい』が一気に高まる点」であり、お客様の反応が教えてくれる**からです。

　既にご自身のビジネスの「急所」がわかった、という方は、第3〜第5章は飛ばしていただき、第6章へとお進みいただいて大丈夫です。

　では、ここからは、あなたのビジネス・商品・サービスの「急所」を一緒に探していきましょう！

「ゴール」を因数分解すれば KPIになるか？

　KPIの設定でよく見るのが、「KGIを因数分解してKPIにする」という方法です。

　マーケティングや営業で言えば、ゴールである「売上」を因数分解してKPIとするということです。

　例えば、地域（東日本、西日本）、期間（上期、下期）などで「売上」を分解し、その分解したものをKPIと呼ぶ、というようなKPIの決め方ですね。

　ここで、そのような決め方についても検証しておきましょう。

「売上」を上げるには、「買いたい作り」しかない

　結論から申し上げますと、売上はいくら因数分解しても、結局は「売上」ですから、これは本書でいうところの「追うべき指標」すなわちKPIとはなりません。

　例えば、年間目標を12で割って1カ月ごとに分解しても、それはあくまで「売上」です。全体の売上目標をいくら「月別」「地域別」「担当者別」に分解しようが、それはやはり「売上目標」であって、KPIとは違います。「客数×客単価」に因数分解したとしても、同じことです。

　KGIを因数分解してもKPIにはなりません。「売上」を上げるには、「買いたい作り」しかありません。

どうすれば「買いたい作り」ができるのか、増やせるのか、というのが「追うべき指標」（KPI）です。

　この「KGIを分解してKPIに」という誤解はとてもよく見かけます。

　例えば、英語版WikipediaのKPIの項目を見てみましょう。Marketing and sales（マーケティングと営業）のKPIの例の最初に「New customer acquisition」が出てきます。日本語にすると「新規顧客獲得」になりますね。

　これは「誤り」と言うと言葉が強すぎるかもしれませんが、少なくとも（いわゆる）KPIの趣旨とは合いません。「新規顧客獲得」は、売上を因数分解したもの、すなわち「売上を言い換えたもの」です。

　新規顧客から「売上」を得ることを「新規顧客獲得」と呼ぶわけですから、新規顧客獲得ができれば売上が上がるのは当たり前です。これは結局、「ゴール」の指標であるKGIです。

　繰り返しますが、売上をいくら因数分解しても、「追うべき指標」（KPI＝「買いたい作り」の指標）にはならないんです。

　また受験に例えてみます。

　「売上」を因数分解する、というのは、「合格点」を「英語」「数学」「国語」に因数分解するのと同じようなものです。

　「売上を上げるためには新規顧客獲得を！」というのは、「合格点を取るためには、英語の点数を上げよう！」というのと同じです。

結局は「それでどうやって英語の点数を上げるの？」ということになります。「英語の点数を上げるための適切な勉強量を増やす」しか、英語の点数という「結果」を得る方法はないのです。

　「新規顧客を獲得しろ！」と叫んでも何も起きません。新規顧客が「自社から買いたい」と思うようになるような自社の行動量を増やすことで、「結果」として新規顧客が取れるんです。
　例えば、「新規顧客に刺さる商品の魅力作り」「新規顧客に刺さる魅力的な伝え方」などの「新規顧客の買いたいを作る行動」を増やす以外に、新規顧客獲得をする方法はありません。
　そして、その「ゴール」を達成するために「買いたい」を作れたかどうかを評価するのが、「追うべき指標」（ＫＰＩ）です。

　同様に、「客単価を上げよう！」というのも、結局は「結果」です。必要なのは、お客様の「高価だけれどあなたから買いたい」を作ることです。そのためには「高価だけれどあなたから買いたい」とお客様に思っていただくような「行動」の量を増やすことになります。
　例えば、「高価格な理由をお客様にきちんと説明する」ことは、自社でできる「行動」の１つですね。

　2023年８月現在、スターバックスの「ドリップ　コーヒー」（ショート）は350円（税込）です。マクドナルドの「プレミアムローストコーヒー」は120円（税込）です。マクドナルドのコーヒーも十分においしいので、モノだけ見れば３倍の価格差があ

るとは私には思えません。

　しかし、スターバックスの「お客様に喜んでいただく接客」「くつろげる店内の内装やBGM」などの「適切な努力」が、その3倍の価格差、という「高単価」を作っているわけです。そして、お客様がそれを「買いたい」と思うから、スターバックスに行くわけです。

　あくまで「（高単価の商品を）買いたいを作る行動」の「結果」として、「客単価が上がる」という「結果」が達成できるわけです。

「ＫＧＩの因数分解」にも意味はある：売上５原則

　では、「ＫＧＩの因数分解」に意味がないかというと、そうではありません。「売上の因数分解」をすることで、「追うべき指標」が探しやすくなります。

　例えば、「新規顧客獲得」と「既存顧客の維持」とでは「買いたい」の作り方が変わるからです。

　売上を因数分解していくと、以下のように、５つになります。これを私は「**売上５原則**」と呼んでいます。

> **売上５原則：**
> **「売上＝客数×客単価」だから**
> 　・**客数増加のために**
> 　　①新規顧客の獲得
> 　　②既存顧客の維持・流出防止

> ・**客単価増加のために**
>   ③期間あたり購買頻度の向上
>   ④１回あたり購買点数の向上
>   ⑤１つあたり商品単価の向上

例えばテーマパークの場合、以下のようになります。

> **客数増加**
>   ①新規顧客の獲得：今まで来たことのない中学生を修学
>   旅行などで呼ぶ
>   ②既存顧客の維持・流出防止：長期的にアトラクション
>   を増やしてリピート来園を促す
> **客単価増加**
>   ③期間あたり購買頻度の向上：季節イベントを開いて１
>   年に何回も来ていただく
>   ④１回あたり購買点数の向上：入場料に加えて、おみや
>   げや食事の売上を狙う
>   ⑤１つあたり商品単価の向上：入場料の値上げをしたり、
>   高価な食事を導入する

このうちのどの数字を「結果」として狙うかを考えることで、自社がすべき「買いたい作り」を考えやすくなります。

一口に「客単価の向上」と言っても、「１回あたり購買点数の向上」と「１つあたり商品単価の向上」では、自社の「買いたい」の作り方が変わることはおわかりいただけるかと思います。

例えば、ファストフード店の場合、「１回あたり購買点数の向上」のための「買いたい作り」は、「お飲み物と一緒にポテトはいかがですか？」というお勧め（クロスセリング）をすることでしょう。

　「１つあたり商品単価の向上」のための「買いたい作り」は、「こだわった肉を使ったメニューを高価格で出し、こだわった肉の説明を十分に行う」ということになるかもしれません。

　このように、どの数字を上げたいかによって「買いたいを作る行動」が全く違うんです。

　最終的には「売上向上」を目指すにしても、どんな売上向上を目指すか、で自社のとるべき「買いたいを作る行動」が違います。

　その意味では、**「結果を因数分解」**することは、**「自分が何をしたいのか」**を明確にするのには役立ちます。

　ここでは本題から外れますし、ページ数の制約もありますので、売上５原則についてはこれくらいの説明で留めます。売上５原則の詳細は拙著『図解　実戦マーケティング戦略』（日本能率協会マネジメントセンター）をご覧ください。

急所の探し方1：
戦略を具体化する

第  章

3

「売上を上げる」とは、戦略実行そのもの

　ここまでの内容をここで一旦まとめておきましょう。

　第1章では、「売上」は「買いたい」の結果だから、売上を上げるためには「あなたから買いたい」を作る、ということを見てきました。

　だから、売上を追うのではなく、「あなたから買いたい」を作るような指標を追いかけ、「買いたいを作る行動」を増やすべきだということを見てきました。

　第2章では、「あなたから買いたい」を作るのは「強み」であること、そして、その具体的な方法論として不可欠な戦略の「急所」という考え方を見てきました。

　この急所が決まれば、「追うべき指標」であるKPIも決まります。

　そして、第3章と第4章では、その「急所」を探す方法について見ていきます。

　ここ第3章では、「戦略を徹底的に具体化する」というアプローチで「急所」を考える方法を紹介します。

　「あなたから買いたい」を作るのは「強み」でした。「強み」

を正確に表現しますと、「お客様が競合ではなく自社を選ぶ理由」となります。

　そして、「買いたい」かどうかを決めるのは「お客様」です。ですから、「強み」を決めるのはお客様になります。さらに、「あなたから」買いたい、というのは「競合ではなく、あなたから」ということですから、対競合で決まります。

　自社の「強み」は、単独で決まるものではなく、「顧客」が「競合」との比較の上で決めるものだということです。つまり、**顧客や競合などを考えた「戦略」として「強み」、すなわち「あなたから買いたい」が決まっていく**のです。

　そして、「あなたから買いたい」が最終的に「売上」をもたらします。

戦略実行プロセス

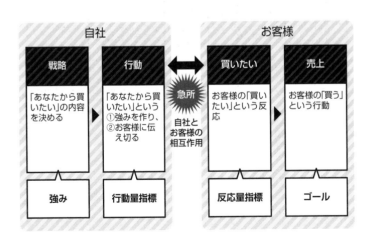

つまり、**売上を上げる、ということは「戦略」を考え、それをきちんと実行して行動に落とし込み、お客様の「買いたい」を作っていく、という「戦略実行プロセス」そのもの**なのです。

ウタマロ石けんの戦略と打ち手

概念的な説明ではわかりにくいと思いますので、ウタマロ石けんを例にとって説明させていただきます。その戦略と一連の打ち手をまとめると、下図のようになります。

戦略実行プロセス：ウタマロ石けん

自社		お客様	
戦略	**行動**	**買いたい**	**売上**
顧客：「子どもの靴下の泥汚れ」に悩む親 強み：「子どもの靴下の泥汚れ」が落ちる	イベント会場などで顧客ターゲットにサンプルを渡す	顧客が実際に試し、「本当に子どもの靴下の泥汚れが落ちた！」と実感する	お客様がスーパーなどに買いに行く
強み	**行動量指標**	**反応量指標**	**ゴール**

（急所：試せばわかる）

まず、一番左（始点）である「戦略」の中核要素は「顧客」と「強み」です。ウタマロ石けんでは、

- ●顧客：「子どもの靴下の泥汚れ」に悩む親
- ●強み：他の洗剤では落ちない「子どもの靴下の泥汚れ」が よく落ちること

となります。

そして、**ウタマロ石けんの「急所」は「試せばわかる」**——すなわち、ウタマロ石けんを実際にお客様に使っていただくこと——です。お客様が実際に使ってみて、ウタマロ石けんの泥汚れを落とす力を実感することで、「買いたいランプ」がピコンと点灯するわけです。

これを戦略的に表現しますと、**「強み」を顧客に「伝え切る」**、ということになります。

「高い洗浄力」などの粗っぽい言葉だけで伝えようとしても、この「強み」を「伝え切る」ことができません。お客様に「試していただく」ことで初めてウタマロ石けんの強みをお客様に「伝え切る」ことができるようになるんです。

「試せばわかる」が「急所」の場合、「試していただく」ことが自社のとるべき「買いたいを作る行動」となります。

この場合は小学生のサッカーイベントで親に実演し、サンプルを配布することなどになります。

そして、その自社の行動がお客様の「急所」にグサリと刺さるとお客様が「買いたい」と思い、スーパーやドラッグストアで「買う」ことで「売上」が上がります。

- ●戦略→行動→急所→買いたい→売上

という流れを作りながら、「戦略」が「売上」として結実していることがわかります。

　この流れは、「マーケティング戦略をきちんと実行して売上という成果を出している」ということです。**売上は、「マーケティング戦略の実行の結果」として上がる**のです。

　そして、「追うべき指標」（ＫＰＩ）である「自社の行動量」や「お客様の反応量」は、要は「戦略の実行量」を追うということです。

　売上を上げるために必要なことは、「突飛」なことでも「革新的」なことでもありません（「突飛」で「革新的」でも構いませんが）。「戦略」を徹底的に練り込んで具体化し、「買いたい」を作る「行動」として「実行」することです。

　ウタマロ石けんの場合は、サッカーイベントでサンプルを配る、というのが戦略を具体化し、急所に刺さる「買いたいを作る行動」です。それによってお客様の「買いたい」が生まれ、売上につながるのです。

　そして、その「戦略実行プロセス」は「顧客」や「強み」を明確化・具体化する、という「戦略」から始まるのです。特に「強み」は「あなたから買いたい」を作る中核です。ここがしっかりしていないと「買いたい」は作れません。

2 「強み」を決める 戦略 BASiCS

戦略を決める５つの要素

「あなたから買いたい」を作って「売上」へとつなげていく「戦略実行プロセス」の起点は、「戦略」です。ここからは、全ての起点となる戦略、特にマーケティング戦略の考え方について見ていきましょう。

ここでは、「戦略BASiCS（ベーシックス）」という私が開発したフレームワークを使ってまいります。経営戦略やマーケティング戦略を考えるフレームワークの要素を分解・再構築し、使いやすくかつ覚えやすくしたフレームワークです。

本書は戦略の作り方を説明する本ではなく、マーケティングや営業の「追うべき指標」（ＫＰＩ）を考えていく本ですので、ここは簡潔にご説明申し上げます。戦略BASiCSの詳細については、私の他著や私のウェブサイト「売れたま！データベース（β）（https://uretama.com）」などをご覧ください。

まずは、戦略BASiCSの全体像をざっと説明します。戦略の中核となる構成要素は、たった５つですので、非常にシンプルです。

> ①**Battlefield：戦場・競合**＝自社商品・サービスの代替
> 　　　　　　　　　　　　　　　　　　選択肢
> ②**Asset：独自資源**＝強みを競合がマネできない理由
> ③**Strength：強み**＝お客様が競合ではなく自社を選ぶ理
> 　　　　　　　　　　　　　　　　　由
> 　（ i ）
> ④**Customer：顧客**＝「強み」が刺さる具体的な顧客像
> ⑤**Selling message：メッセージ**＝「強み」の伝え方

　それぞれの頭文字を取って、BASiCS（ベーシックス）、戦略の「基本的な考え方」という意味もこめて私が名付けました。

　この５つが、「あなたから買いたい」を作るための「戦略」の構成要素です。世の中には3C、SWOT、5 Forces、VRIO、といったたくさんの戦略フレームワークがありますが、それらの構成要素を分解・再構成すると、結局この５つに集約されます。

　では、この５つの戦略要素を１つずつ見ていきましょう。

①Battlefield：戦場・競合

> **Battlefield：戦場・競合**
> 顧客にとっての自社商品・サービスの「代替選択肢」（＝
> 競合）。自社商品・サービスの比較対象であり、自社商品・
> サービスと比べて「どちらを買いたいか」と考えるもの

　「競合」は、必ずしも「同業種・同業態」の商品・サービスとは限りません。

　なぜなら、「**戦場**」とは「**価値**」を巡って競合する場だから

です。

　例えば、マクドナルドで考えてみましょう。マクドナルドは**「コーヒーを飲んで一休み」**という**「価値」**を提供しています。この場合には、ドトールやスターバックスなどの**「カフェ」が競合**になるかもしれません。それはマクドナルド、ドトール、スターバックスが全て「コーヒーを飲んで一休みという「同じ価値」を提供するからです。

　ですから、「コーヒーを飲んで一休み」という「価値」がそのまま「戦場」となります。そして、その「戦場」にいるマクドナルドにとっての競合が、ドトールやスターバックスなどの「カフェ」なのです。

　マクドナルドは**「テイクアウトの昼ご飯」**という**「価値」**も提供しています。この場合には、今度は**「コンビニ」と競合**するかもしれません。マクドナルドとコンビニが「テイクアウトの昼ご飯」という「同じ価値」を提供するからです。

　ここでも「テイクアウトの昼ご飯」という「価値」が「戦場」となっていることがわかります。

　ハンバーガーショップ、カフェ、コンビニという業種業態ではなく、お客様への提供価値を巡って「競合」するのです。

　B to B（法人顧客対象のビジネス）の場合も同様です。
　例えば、あなたが部品メーカーで、顧客企業が完成品メーカー（例えば自動車メーカー）だったとします。そして、顧客企業である自動車メーカーが「とにかく早く部品を仕入れたい」と考えたとします。

この場合は、「早く部品を仕入れる」という顧客企業の「価値」を巡って、あなたを含む部品メーカーが競合します。また、「商社」なども競合するかもしれません。部品を顧客企業に納入できるのは、別にメーカーだけではなく、商社もできるからです。

　ここでも「とにかく早く部品を仕入れたい」という「価値」が「戦場」となっていることがわかります。そこでは、「とにかく早く部品を仕入れる」という「価値」を提供できる「国内の部品メーカー」「海外の部品メーカー」「国内外の部品メーカーから仕入れる商社」などが競合になりえます。

　B to C（個人顧客対象のビジネス）でも B to B（法人顧客対象のビジネス）でも、「戦場」とはお客様の「価値」を巡る争いであり、同じ価値を提供するライバルが「競合」となります。

② Asset：独自資源

> **Asset：独自資源**
> 「強み」を競合がマネできない理由。ハード資源（設備・技術など）とソフト資源（独自のスキル・優秀な人材・顧客や取引先との関係など）に大別される

　「独自資源」は、技術・人材などの「社内にある資源」です。
　独自資源を大別すると、「ハード資源」と「ソフト資源」の2つに分けられます。

　「ハード資源」は、文字通り「ハード」である生産設備などの「設備」に加えて、何かを作るための「技術」、特許などの「知

126

財」もここに入ります。店舗などの場合は、「土地・立地」などもハード資源です。ハード資源は売買できるものが多いです。

　マクドナルドの場合、2023年7月時点で日本に2965店舗＊ある、というのは強力な「ハード資源」でしょう。これにより仕入れなどで「規模の経済」が効くからです。

　＊ https://www.mcd-holdings.co.jp/ir/sales_report/

　一方で、「ソフト資源」は文字通り「ソフト」です。スキル（知識・経験・ノウハウ）、人材、外部との関係（独占供給してくれる取引先、自社と関係の強い顧客、政府や自治体との関係）、などがここに入ります。ソフト資源は買えないものであることがわかります。

　独自資源は、あくまで「独自」な資源です。競合も持っているものであれば、「独自」ではない単なる「資源」です（それはそれで重要ですが）。

　独自資源の「買いたい作り」における役割としては「あなたから買いたい」を作るモト、となります。「モト」であって、「買いたい」そのものではありません。BASiCSの5要素の中で、独自資源だけがお客様の「買いたい」に直接関わりません。

　例えば、「独自技術」は典型的な独自資源の1つですが、お客様は「独自技術」そのものを「買いたい」のではありません。その「独自技術」がもたらす「自分（お客様）にとって良いこと」を買いたいのです。例えば、自社だけが持つ「独自技術」によって、「競合より耐久性が高い部品」や「競合よりおいしい飲食物」ができるのであれば、お客様はそれを「買いたい」

127

と思うわけです。

　独自資源は競合から自社を守ります。独自資源とは「強みを競合がマネできない理由」です。例えば「独自技術」が可能にする「競合より耐久性が高い部品」や「競合よりおいしい飲食物」を競合はマネできないはずです。なぜならそれは「独自の」技術であり、競合が持っていないものだからです。

　「独自資源」は「あなたから買いたい」理由を競合がマネできないように守るという役割を果たします。

③Strength：強み

> **Strength：強み**
> お客様が「他社ではなく、あなたから買いたい」という理由。競合にはない、あなたの商品・サービスが提供している独自の価値・魅力

　「強み」とは、「お客様が競合ではなく自社を選ぶ理由」です。まさに「あなたから買いたい」を作るときの中核概念となります。先ほどのマクドナルドの例で言えば、「コーヒーを飲んで一休み」という「価値」をお客様が「買いたい」というとき、競合ではなく「マクドナルド」を選ぶ理由（＝「マクドナルドに行きたい」）が「強み」です。

　この「価値」の戦場においては、「食べ物がある」は「強み」にはなりません。食べ物は競合であるドトールにもスターバックスにもありますから、「マクドナルドを選ぶ理由」にはなら

ないからです。

　マクドナルドの方が「安い」という「買いたい」はありえるかもしれません。マクドナルドのコーヒーは120円（Sサイズ）、ドトールは250円（Sサイズ）と安いからです（どちらも2023年8月現在の税込価格）。

　このマクドナルドの「安さ」は、2965店舗という「独自資源」が実現しているという側面は多分にあるはずです。規模の経済ですね。

　また、マクドナルドのドトールに対する強みは「コンセント席がある」というところではないでしょうか。「コーヒーを飲んで一休み」するときにスマホやパソコンを使う場合にはコンセントがあるとありがたいですよね。

　ドトールではコンセント席はあまり見ません（スターバックスには多くあります）から、マクドナルドの「強み」（ドトールではなくマクドナルドに行きたい理由）となるでしょう。

　「独自資源」と「強み」の違いは、BASiCSにおいて一番わかりにくい部分（だというご指摘を多くいただきます）ですので、その違いについては後ほど詳しくご解説申し上げます。

④ Customer：顧客

> **Customer：顧客**
> 「強み」が刺さる具体的な顧客であり、「競合ではなくあなたから買いたい」と思う人・会社

「顧客」は、「急所」を考えるにあたって非常に大事なポイントです。「あなたから買いたい」と「誰に」（＝どんなお客様に）思っていただきたいのか、ということですね。

　「全員」に「あなたから買いたい」と思っていただくことはできません。「誰に」というのを具体化する必要があるのです。

　通常、顧客を考えるときに重要なのが「セグメンテーション」と「ターゲット」です。

　「セグメンテーション」とは顧客を「グループ分け」することです。分けられた各グループのことを「セグメント」と呼びます。

　「ターゲット」とは、分けられたセグメントのうち、自社が狙いたいという顧客セグメントです。このあたりの詳細は、マーケティングの理論書に譲ります。

　ただ、このくらいの考え方ですと、「急所」を考えるにあたっては不足です。

　ターゲット顧客を描写する場合、B to Cでは「20代女性」「20代男性」、B to Bでは「○○地域の××業の企業」というような表現で描かれることが多いと思います。

　このような「20代女性」（あるいは20代男性）、「○○地域の××業の企業」という顧客の定義では粗すぎます。これでは「急所」を刺しにいけないのです。

　例えば、「20代女性」（あるいは20代男性）と一口に言っても、

●20歳で遊ぶ時間のある女子大学生（男子大学生）

- ●21歳で就職活動に忙しい女子大学生（男子大学生）
- ●25歳で主任となり部下のいる独身有職女性（独身有職男性）
- ●29歳で結婚3年目、共働きで子育て中の女性（男性）
- ●29歳で結婚3年目、仕事をやめて子育て中の女性（男性）

と、実に様々な「20代女性」（あるいは20代男性）がいます。この方々のニーズは、それぞれに全く違いますよね？　「20歳で遊ぶ時間のある」方と「29歳で結婚3年目、共働きで子育て中」の方では、買うもの、買い物に行く場所、買い物の情報を得る媒体などが全く違うことが容易に想像できます。

「20代女性」（20代男性）のような粗っぽい顧客ターゲットの定義では「急所」に刺せないのです。

ウタマロ石けんが素晴らしかったのは、顧客ターゲットを「子どもの靴下の泥汚れに悩む親」という、「具体的な悩み・ニーズ」で描写したことです。

同じ悩み（例えば、子どもの靴下の泥汚れ）を持つ方であれば、同じ商品・サービスが（例えば、ウタマロ石けん）が刺さるんです。

ウタマロ石けんのように、**お客様の悩み・課題を具体化し、その悩み・課題で顧客を具体的に描写すれば良いのです。**

繰り返しますが、悩み・課題は具体的に描写します。「服の汚れを落としたい」という悩みでは粗すぎます。それではどんな洗剤でも解決できてしまうからです。**「子どもの靴下の泥汚れ」まで具体化するのがポイント**です。ウタマロ石けんの場合は、そこまで具体化することで「競合にはない価値」を提供で

131

きているわけです。

⑤ Selling message：メッセージ

> **Selling message：メッセージ**
> 具体的なチラシや映像媒体などに落とし込んで、「強み」
> をお客様に伝え切って「あなたから買いたい」と思ってい
> ただける文言・画像・動画など

　ここまでの、戦場・競合、独自資源、強み、顧客、というの
は実体のない「概念」としての存在ですので、お客様には見え
ません。

　実際にお客様に見える・刺さるのは「実体」としてのメッセー
ジです。「実体」と言っているのは、メッセージは「媒体」を
持つからです。

　TVCMやYouTubeなどの動画広告は「映像」という媒体です。
チラシやDMは「紙」という媒体です。その「媒体」の上に載
るのが「言葉」「画像」「動画」などのメッセージです。

　それを見てお客様は「買いたい」かどうかを判断します。

　「メッセージ」を経営戦略の要素に入れるというのはおそら
く「異端」です。実際、「3C」や「SWOT」などには入ってい
ません。しかし、**「戦略」が「あなたから買いたい」を作るこ
とを目的とする以上、「メッセージ」を除外した戦略理論は、
お客様の「買いたい」を作れない「絵に描いた餅」になるので
す。**

　実際、同じ商品・サービスを売っていても、営業担当者によっ

て売上が変わる、**という事実**が厳然と存在します。これは論理的に考えれば非常におかしな話です。もし売上が「強み」だけで決まるのであれば、誰が売っても売上は同じ、ということになるはずです。

　が、実際はそうではありません。売れる営業担当者（＝買いたいを作れる営業担当者）と売れない担当者（＝買いたいを作れない担当者）が存在します。

　この端的な事実が「メッセージの重要性」を証明するのです。「買いたいを作る」という意味では、メッセージ、すなわち伝え方は非常に重要なのです。

３つの差別化軸：
強み（あなたから買いたい）の３つのパターン

　これで、戦略の５つの要素（戦場・競合、独自資源、強み、顧客、メッセージ）の説明は終わりました。

　では、この戦略BASiCSを使って戦略の根幹であり「あなたから買いたい」の理由となる「強み」を考えていきましょう！

と行きたいところですが……、「強み」を考えるのは結構難しいものです。

　自社の「強み」を考えにくい、という方に役立つのが「３つの差別化軸」です。M.トレーシー・F.ウィアセーマ両氏の著作『ナンバーワン企業の法則──勝者が選んだポジショニング』（日経ビジネス人文庫)」の理論を少々アレンジさせていただき、日本語にしたものです。

「強み」、すなわち「あなたから買いたい」理由は、大別すれば以下の３つしかありません。これを私は「３つの差別化軸」と呼んでいます。

> **３つの差別化軸**
> ①**手軽軸**：競合よりも早い、安い、便利
> ②**商品軸**：競合よりも品質・技術などが良い、トレンド・
> 　情報が早い
> ③**密着軸**：競合よりも自分向けにしてくれる

　例えば、「シャンプー」で考えてみましょう。誰もが使うものですが、あなたはどのような理由で選んでいるでしょうか？大別すると３つの理由があるはずです。

　まず、「手軽軸」のシャンプーです。ドラッグストアで売られる低価格シャンプーがここに当たります。大容量で売られ、１グラムあたり単価で１円前後です。

　「商品軸」が、サロン（美容院）で売られるような高級シャンプーです。１グラムあたり単価で10〜20円以上です。ドラッグで売られている低価格品と価格差が10倍以上！

　「密着軸」は、最近話題になっている個々人の髪質に合わせたシャンプーです。メデュラなどが人気です。メデュラのホームページ（https://medulla.co.jp）によれば、「MEDULLAは５万通りの組み合わせからあなたの髪質に合わせて提案する日本初

のパーソナライズヘアケアサービスです」とのこと。こちらの
1グラムあたり単価もおおよそ10〜20円前後です（定期配送
かどうかなどで変わります）。

それぞれの「強み」をまとめると次のようになります。

- ●手軽軸：そこそこ良い品質で、安くてどこでも買えるから
買いたい
- ●商品軸：自分の髪をいたわってくれる品質で、自分の髪に
良いから買いたい
- ●密着軸：自分自身の髪質にあったものを作ってくれるから
買いたい

このように、同じ「シャンプー」でも、「買いたい理由」（＝
強み）が違います。どのメーカーも「あなた（自社）から買い
たい」を作るべく、必死に「強み」を作っているんです。

次は、サービス業の例です。B to Bで、例えば「広告の制作（ク
リエイティブ）」をデザイナーなどに発注する場合を考えてみ
ましょう。デザイナーの「強み」（＝そのデザイナーを使いたい）
にはどのようなものがあるでしょうか？

「手軽軸」では、例えば、印刷会社などが抱えるデザイナー
ですね。印刷会社は印刷で稼げるので、デザインは低価格で提
供します。もしくは、独立したデザイナーが低価格で受ける場
合もあります。

「商品軸」は、電通などの大規模広告代理店が抱えているようなデザイナーや、そこから独立して業界でも知られたようなデザイナーです。非常に高価格ですが、やはりひと味違う広告を作ってくれます。

「密着軸」は、独立したデザイナーが顧客企業（クライアント）にがっちり食い込み、顧客企業の求める課題や好みのデザイン、さらには社内事情を知り尽くした上で、きっちり顧客企業が求めるものを作るような場合です。

B to C でも B to B でも、メーカーでもサービス業でも、実は「買いたい理由」を大別するとこの３つになるのです。
「強み」が考えにくい場合の最初のステップとして、自社は３つの差別化軸のどれにあてはまるのか、と問うと考えやすくなります。

ただ、**「うちは密着軸」で思考を止めてはダメ**です。この「３つの差別化軸」はあまりにも使いやすいので、そこで思考が止まってしまうというデメリットがあります。
自社しか密着軸の企業がなければ良いですが、通常はどの軸にも競合はいますので、そこからさらに「急所」という具体的な強みを考えていきます。
３つの差別化軸はあくまでも「最初のステップ」です。

３つの差別化軸についてもっと詳しくお知りになりたい方は、先ほどの『ナンバーワン企業の法則──勝者が選んだポジショニング』か、拙著『経営戦略立案シナリオ』（かんき出版）を

お勧めします。

BASiCSと3Cの2つの違い

ここで、戦略フレームワークとしてよく使われる「3C」（Customer：顧客、Competitor：競合、Company：自社の3つのCで戦略を考えるフレームワーク）とBASiCSの違いについて補足しておきます。

3CとBASiCSの違いは2つあります。

違い1：「強み」と「独自資源」の違い

1つは3Cでいう「Company：自社」を、「強み」と「独自資源」に分けていることです。

なぜ「強み」と「独自資源」を分ける必要があるのか、ここで説明させていただきます。

「強み」は「あなたから買いたい」という理由です。お客様にとっての魅力がある何か、です。

「ハーゲンダッツ」を例にとりますと、買いたい理由は、例えば「コクのある濃厚な甘みとおいしさ」でしょう。これが「強み」です。そして、それを可能にしているのがハーゲンダッツの「おいしく作る能力」という「独自資源」です。

ちなみに、日本では群馬県にある高梨乳業の工場で作られています。高梨乳業のホームページ＊に「1984年　米企業との合弁により『ハーゲンダッツアイスクリーム』を製造開始」と明記されている公開情報です。このメーカーには、「独自のおいしさ」を作り出す「技術」や「ノウハウ」などの「おいしく作

る能力」があるのでしょう。

＊ https://www.takanashi-milk.co.jp/company/gaiyou

　ハーゲンダッツの「強み」は「独自のおいしさ」です。これがお客様の「ハーゲンダッツを買いたい」理由です。
　そして、「独自資源」が「おいしく作る能力」です。これが「競合がハーゲンダッツの強みをマネできない理由」です。

　この「おいしく作る能力」、すなわち技術力は、お客様には全く関係のないことです。**お客様はハーゲンダッツの「技術力」を買いたいのではなく、あくまで「おいしさ」を買いたいと思うわけです。**

　「おいしさ」（＝強み）と「おいしく作る能力」（＝独自資源）**が概念として全く違うものである**ことはおわかりいただけましたでしょうか。
　「能力」（例えば、おいしく作る能力）が「独自資源」であり、その「能力が活用された結果としての独自の価値」（例えば、おいしいアイスクリーム）が「強み」です。

　「おいしく作る能力」が自社独自のものであれば、競合は「自社と同様のおいしいアイスクリームは作れない」ということになります。逆に、誰もが「おいしく作る能力」を持つのであれば、「おいしさ」は誰でもできるので強みにならない、ということです。

　これらはある意味で当たり前のことなのですが、ここまで強

調している理由は、「強み」と「独自資源」の勘違いが多く見られるからです。

　例えば、「**うちの強みは技術力だ**」とよく言われますが、**これは「強み」、すなわち「あなたから買いたい」理由にはなりません。技術力は、お客様にとっては何の関係もない**ことだからです。技術力は「独自資源」であって、「強み」ではないのです。

　繰り返しますが、**お客様はハーゲンダッツの持つ「技術力」**（＝独自資源）を**「買いたい」のではないのです。その「技術力」がもたらす「独自のおいしさ」（＝強み）を「買いたい」**のです。

　ここを間違えると、

- 技術力
- ノウハウ
- 仕入力

などを「強み」だと勘違いしてしまいます。これらは「強み」ではなく「独自資源」ですから、「買いたい」を作れません。もちろん、「急所」にもなりません。お客様にとっての「価値」にならないからです。

　これらの独自資源がもたらす「独自の価値」（安い、おいしい、など）をお客様が「買いたい」と思うわけです。

　そして、**多くの会社がそのような「勘違い」をする理由は、既存の経営理論やフレームワークが、この「強み」と「独自資**

源」を分ける、という発想を持たないからです。

　3Cは「強み」と「独自資源」を一緒くたにして「Company」としていますし、SWOT分析（強み・弱み・機会・脅威で環境分析をする手法）も同様に、「Strength：強み」として、「強み」と「独自資源」を一緒くたにしてしまっています。

　すると、「我が社の強みは技術力だ。これを顧客に伝えよう」という「勘違い」が起きてしまうんです。

　顧客に訴えるべきは、「技術力」ではなく、それがもたらす「あなたから買いたい理由」です。

　「強み」と「独自資源」は分けて考えるべきであり、戦略BASiCSはそれを可能にする稀有なフレームワークなのです。

違い２：戦略に不可欠な「メッセージ」

　3CとBASiCSの２つめの違いは「メッセージ」という要素がBASiCSに入っていることです。

　その理由は、**「強みがある」ということと、「強みが伝わっている」というのは全く違うこと**だからです。そして、自社の「行動」として考えた場合、「強みを作る」ことと「強みを伝え切る」ということは違う「行動」であることは第２章で見てきました。

　ウタマロ石けんの場合、「強み」は既にありました。その「強み」が「伝え切れていない」ということが課題だったわけです。「強み」とそれを伝え切る「メッセージ」を分けないと、「強みがあるから売れるはずだ」という勘違いにつながります。**「伝わっていない強み」は存在しないも同然**です。

　逆に、「強み」が同じでも、「伝え方」を改善することでお客

様に「刺さる」ということがあります。ウタマロ石けんはその事例です。

　ですから、BASiCSでは「（概念としての）強み」と、それを顧客に伝え切る役割を果たす「メッセージ」を分けているのです。

　3CやSWOT分析の弱点がここにもあります。**3CやSWOTでは「伝え切る」ということをフレームワークに含んでいないため、戦略が絵に描いた餅になる**危険性があるのです。

「ウタマロ石けん」の戦略BASiCS

　では、ここまでの事例として使っている「ウタマロ石けん」について、戦略BASiCSで分析してみましょう。

①Battlefield：戦場・競合

　まず、ウタマロ石けんは基本的には「汚れを落とすもの」です。「石けん」ではありますが、使い方としては衣服の汚れを落とすのですから「洗剤」です。

　●競合：洗濯機に入れるような粉・液体などの洗剤

になるでしょう。

②Asset：独自資源

　ウタマロ石けんが靴下の泥汚れを落とせる理由は、泥汚れが落ちるような独自の配合です。

『汚れ落ちの良さの秘密は、せっけん原料の油の組み合わせと独自の配合だ。麻や綿、ポリエステルなど様々な種類の衣類と泥や油などの汚れの組み合わせを想定。製品改良を繰り返し、これまで数百回の試験を重ねてきた』(2018/08/01、日本経済新聞、地方経済面 関西経済10ページ)

　ウタマロ石けんの**独自資源である「独自の配合」とその開発力が、ウタマロ石けん独自の「靴下の泥汚れを落とす洗浄力」を競合にマネできないものにしている**のです。

③Strength：強み

　ここは前述の通り、

- 強み：他の洗剤では落ちない「子どもの靴下の泥汚れ」がよく落ちること

となります。「子どもの靴下の泥汚れ」が圧倒的に良く落ちます。そして、他の通常の洗剤では「子どもの靴下の泥汚れ」が落ちません。「これが他の競合ではなくウタマロ石けんを選ぶ理由」、すなわち「強み」になっているわけです。

　念のため「独自資源」と「強み」の違いについて再確認しておきます。
　「独自の配合」という「独自資源」はお客様にとってはどうでも良いことです。その「独自の配合」という「独自資源」がもたらす「汚れ落ちの良さ」＝「強み」をお客様が「買いたい」

と思うわけです。

「あなたから買いたい」を作るのは、「独自資源」ではなく「強み」です。

④Customer：顧客

この「強み」、すなわち「子どもの靴下の泥汚れがよく落ちること」が刺さる顧客が、ウタマロ石けんの「顧客ターゲット」となります。前述のように、

●顧客：「子どもの靴下の泥汚れ」に悩む親

となります。「強み」と「顧客」の間に一貫性があることがわかります。

⑤Selling message：メッセージ

最後に、この「強み」をどう伝え切るか、がメッセージです。
ウタマロ石けんの場合は、CMなどの「言葉」で伝えるのではなく、「サンプル配布」という形で伝えています。そして、そこが「急所」になっているわけです。

●メッセージ：小学生のサッカーイベントで親に実演し、サンプルを配布し、試しに使っていただくことで「強み」を伝え切る

「強みを伝え切る」という役割を果たすのが「メッセージ」です。ウタマロ石けんの場合は、サッカーイベントなどで「実演し、サンプルを配るイベント」が「メッセージ」の役割を果

たしています。

　この「メッセージ」がなければ、「子どもの靴下の泥汚れが落ちる」という「強み」がお客様に伝わらないのです。

　BASiCSに「メッセージ」という要素が入っている理由がここにあります。

　では、ウタマロ石けんのBASiCSをまとめてみましょう。下図をご覧ください。

ウタマロ石けんの戦略BASiCS

Battlefield	戦場・競合	衣服の汚れを落とすもの（洗剤など）
Asset	独自資源	『せっけん原料の油の組み合わせと独自の配合』
Strength	強み	他の洗剤では落ちない「子どもの靴下の泥汚れ」がよく落ちること
Customer	顧客	「子どもの靴下の泥汚れ」に悩む親
Selling message	メッセージ	小学生のサッカーイベントで親に実演し、サンプルを配布して「強み」を伝え切る

　全体として、流れるような一貫性と具体性があることがわかります。**「強い戦略」「勝てる戦略」というのは、流れのある美しさのようなものがある**のです。

そして、ウタマロ石けんの戦略の「急所」が強みを伝え切る「メッセージ」にあることがわかります。強みをどう実感していただくか、がこの戦略のカギを握っています。なぜなら、そこまでの戦場・競合、独自資源、強み、顧客、というところまでは特に問題なく設定できているからです。

「良いモノを作れば売れる」ということには必ずしもなりません。その「良さ」をお客様にどう「伝え切るか」がこの戦略の中核にあるのです。

クラゲ水族館の戦略BASiCS

次に、同様にクラゲ水族館を戦略BASiCSで分析しましょう。

①Battlefield：戦場・競合

「戦場」とは、「価値」を巡って競合する場です。

調べてみたところ、山形県にある水族館は、クラゲ水族館だけです。近そうなところでは、秋田県に「男鹿水族館」がありますが、直線距離で100km以上も離れています。互いに100km以上離れたクラゲ水族館と男鹿水族館が競合する（＝お客様がどちらに行こうか迷う）、ということは考えにくいです。

おそらくクラゲ水族館のいる戦場は、

- 近隣の子どものいる家族が休日に遊びに行くところ
- 山形県の日本海側に来た観光客が遊びに行くところ

といったところではないでしょうか。

それぞれに違う戦場ですので、それぞれにBASiCSを考えて検証していく必要があります。戦場が違えば、顧客もニーズも変わるからです。

今回は、上の「近隣の子どものいる家族が休日に遊びに行くところ」という戦場で考えていきます。その場合、同じ戦場でも2種類の競合が考えられます。

- ●競合1：「遊びに行くところ」という意味で、道の駅やショッピングモール、映画館などの娯楽・遊戯施設
- ●競合2：「水族館と同様の学習施設」という意味で、美術館、博物館、歴史施設

などが競合になるでしょう。

「遊びに行くところ」としては、クラゲ水族館から直線距離で30km圏内に「道の駅あつみ」があります。距離的に競合しそうです。

②Asset：独自資源

クラゲ水族館の独自資源は**時間をかけて育んできたクラゲの育成経験・ノウハウ・設備**です。これが「世界一多種のクラゲ」の展示を可能にしています。

さらには、**クラゲの「魅せ方」に関する経験・ノウハウ・設備**もあります。クラゲに特化して展示しているがゆえに、クラゲを美しく「魅せられる」わけです。

③Strength：強み

クラゲ水族館の「強み」はシンプルに、「クラゲ」です。

● 強み：世界一多種のクラゲが美しく泳ぐ展示及びその魅せ
　方

多種のクラゲの展示に顧客が魅力を感じ、「クラゲ水族館に行きたい」を作っています。美しく、見て楽しいクラゲが日本一いて、学びが多く、大人も子どもも楽しめます。

この場合の「独自資源」と「強み」の違いはわかりやすいですね。

独自資源は「クラゲの育成ノウハウ・設備」です。こちらは顧客の「価値」とはなりませんが、「競合が強みをマネできない理由」になっています。

そして、「クラゲの展示種数」という「強み」が顧客にとっての「価値」、すなわち「行きたい理由」になっていることがわかります。

そして、**競合を「道の駅」「ショッピングモール」などの「娯楽・遊戯施設」としたときに、クラゲ水族館の強みは「学習施設」である**、ということです。

親にとっては、子どもが自ら「クラゲ水族館」に行きたいと言った場合、学習施設であるがゆえに喜んで賛成するでしょう。

なお、**他の「学習施設競合」（美術館・博物館・歴史施設など）に対する「強み」は、「子どもが喜ぶ・楽しめる」**ということ

でしょう。学習施設は子どもが退屈になりやすいですが、クラゲ水族館の場合は子どもが楽しめる、ということが強みになります。

このように、「競合によって強みが変わる」ということが日常的に起きます。ですので、競合を特定した上で強みを考える必要があります。

④Customer：顧客

クラゲ水族館の「強み」、すなわち「様々なクラゲが美しく泳ぐ展示及びその魅せ方」が刺さる顧客が、クラゲ水族館の「顧客ターゲット」となります。

●顧客：休日に子ども連れで遊びに行く家族

となるでしょうか。
　子どもはクラゲが泳ぐ姿が大好きですので、このような家族にクラゲ水族館の強みが刺さるわけです。

⑤Selling message：メッセージ

最後に、この「強み」をどう伝え切るか、がメッセージです。

●メッセージ：「お子さんと『世界一多種』のクラゲが美しく泳ぐ姿を見に来ませんか？　お子さんが喜びますし、海の生き物について学習する機会となります」

というところですね。やはり「世界一」というのは、地元の方

の「誇り」となるのはもちろん、広域から集客できる理由となりますよね。

　クラゲ水族館の場合は、様々な機会を通じて強みを伝えています。

　例えば、故下村脩博士がオワンクラゲの緑色蛍光タンパク質の研究で、2008年にノーベル化学賞を取りました。当時既にクラゲ水族館はクラゲ展示ではダントツの存在になっていたこともあり、2010年に下村博士が来館されて「一日館長」を務められました。当然ニュースになります。

　そして、2014年には下村博士と村上龍男クラゲ水族館館長（当時）の共著『クラゲ 世にも美しい浮遊生活――発光や若返りの不思議』（PHP新書）も出版されます。

　このように独自資源である「クラゲ」を活かして、「学習施設」にふさわしいメッセージを出し続けました。

　結果として、子どもも親も喜ぶ唯一無二の水族館となったわけです。

　では、クラゲ水族館のBASiCSをまとめてみましょう。次ページの図をご覧ください。

クラゲ水族館の戦略BASiCS

Battlefield	戦場・競合	競合1：子どものいる家族が遊びに行くところ＝ 　　　　　道の駅、ショッピングモール、娯楽・遊戯施設など 競合2：学習施設＝美術館、博物館、歴史施設など
Asset	独自資源	●クラゲの育成経験・ノウハウ・設備 ●クラゲの「魅せ方」に関する経験・ノウハウ・設備
Strength	強み	世界一多種のクラゲが美しく泳ぐ展示及びその魅せ方 vs.競合1（娯楽施設）：学習施設であること vs.競合2（学習施設）：子どもが喜ぶ・楽しめること
Customer	顧客	休日に子ども連れで遊びに行く家族
Selling message	メッセージ	「お子さんと『世界一多種』のクラゲが美しく泳ぐ姿を見に来ませんか？　お子さんが喜びますし、海の生き物について学習する機会となります」

　こちらも、全体を通して美しい一貫性があることがわかりますね。

　そして、**クラゲ水族館の「急所」は、強みを「作った」ところにあった**わけです。クラゲの展示種数を増やすたびに、「強み」が強化されていったのです。

戦略を徹底的に具体化すれば「急所」がわかる

「強み」と「顧客」を徹底的に具体化し、「メッセージ」として伝え切るのが「急所」

第2章で見てきたように、「急所」とは、お客様の「あなたから買いたい」を作る「買いたいボタン」でした。

お客様の「買いたいボタン」を押すというのは、実は「強み」と「顧客」を徹底的に具体化し、それを「メッセージ」として伝え切る、ということにほかなりません。

「急所」は、「自社」と「お客様」の間にあって「自社と顧客を結びつける」ものです。自社の側から見ると、「戦略を徹底的に具体化し、行動に落とし込むもの」が急所です。お客様から見ると、それにより「買いたい」と思うようになるポイントです。

ウタマロ石けんの急所は「試せばわかる」でした。それは、子どもの靴下の泥汚れに悩む親という「具体的な顧客ターゲット」に、子どもの靴下の泥汚れがよく落ちるという「具体的な強み」を伝え切る、ということにほかなりません。

●「顧客」の具体化：「子どもの靴下の泥汚れ」に悩む親

- ●「強み」の具体化：他の洗剤では落ちない「子どもの靴下の泥汚れ」がよく落ちること
- ●「メッセージ」の具体化：「子どもの靴下の泥汚れ」に悩む親（顧客）が来る小学生のサッカーイベントで「泥汚れ」が落ちること（強み）を実演し、顧客にサンプルを配ることで「強み」を伝え切る

と、「強み」「顧客」「メッセージ」を徹底的に具体化しました。「具体的な強み」を、「具体的な顧客ターゲット」に、「具体的に伝え切る」ことでお客様の「買いたいボタン」が押されるわけです。

　ウタマロ石けんの課題は、「強み」そのものではなく、その「伝え方」（メッセージ）にありましたので、そちらが「買いたいを作る行動」となり、「追うべき指標」（KPI）も「伝え切る」ことの指標となっています。

　クラゲ水族館の場合は、「強み」がないということに課題がありました。

- ●「顧客」の具体化：休日に子ども連れで遊びに行く家族
- ●「強み」の具体化：世界一多種のクラゲが美しく泳ぐ展示及びその魅せ方
- ●「メッセージ」の具体化：お子さんと「世界一多種」のクラゲが美しく泳ぐ姿を見に来ませんか？

「強み」がありませんでしたので、「強み」を作ることが「買い

たいを作る行動」となりました。

「急所」を見つけるカギは 戦略の徹底的な具体化

「急所」を解き明かす重要なカギの1つが「顧客」「強み」「メッセージ」という戦略要素の徹底的な具体化です。

第2章で、「高品質」「高性能」「安心・安全」のような粗っぽい「強み」の表現は、「あなたから買いたい」を作れないという意味で「NGワード」だ、と申し上げました。

その理由は2つありました。1つは、具体的でない表現では「競合にも言えてしまう」からです。そしてもう1つは、具体的でないと「お客様に刺さらない」からでした。

急所を考えるということは、まさにこの2つの問題を解決することなのです。「顧客」「強み」「メッセージ」を徹底的に具体化していき、

- 具体的な「顧客」に
- 具体的な「強み」を
- 顧客に刺さるような具体的な「メッセージ」として「伝え切る」

ことで、お客様が「あなたから買いたい」と思うわけです。

つまり、**「急所」とは、戦略を徹底的に具体化したもの**なのです。

では、どのように具体化していくか、ですが、**1つの方法論として、「強み」か「顧客」のどちらか片方を具体化する**、という方法があります。**どちらかが具体化されれば、もう片方も具体化しやすくなります。**

　ウタマロ石けんの「強み」は、「他の洗剤では落ちない『子どもの靴下の泥汚れ』がよく落ちること」です。

　すると、顧客は「子どもの靴下の泥汚れ」に悩む人、と自動的に決まります。通常は「親」でしょうから、顧客が「『子どもの靴下の泥汚れ』に悩む親」と具体化されます。

　そして、靴下を「泥汚れ」で汚すような子どもは、幼稚園児〜小学校中学年くらいだとしますと、3〜10歳くらいまでの子どもでしょうから、「3〜10歳の子どもを持つ親」と具体化されていくわけです。

　ではどのように「強み」を伝えていくか、という「メッセージ」は、「子どものサッカーイベントで実演する」と具体化されていきます。

　逆に、「安心・安全な食品」のような具体性のない「強み」ですと、顧客が決まりません。「安心・安全な食品を求める人」と言えるかもしれませんが、逆に「安心・安全」を求めない人の方が少ないですよね。

　例えば「パン」について考えてみましょう。**「安心・安全なパン」という具体性のない表現では顧客は具体化できません。**「安心・安全」と言っても無限にあるからです。

　しかし、「安心・安全」を**「賞味期限が長く、10年後も食べ
られる保存パン」**とまで具体化できれば、

- ●防災のために保存食を買う自治体・人
- ●数カ月後に船の中で食べる漁師

など、顧客像が「具体的に」浮かんできます。

　このような方であれば、「安心・安全」のような具体性がな
い表現ではなく、「賞味期限が長く、10年たっても食べられる
保存パン」という「強み」を「メッセージ」として伝え切るこ
とができれば顧客ターゲットに刺さりそうです。

　「伝え方」ですが、例えば実際に10年前に作ったパンを顧客（例
えば、自治体の方）に召し上がっていただければ刺さりそうで
す。そうであれば、「実際に10年前のパンを『食べればわかる』」
が急所になるわけです。

　逆に、**「防腐剤などは不使用、小麦粉、酵母、塩、それに水
だけでできている安心・安全なパン」**であれば、例えば、

- ●乳児や幼児に安全なパンを食べさせたい親
- ●食品添加物によるアレルギーに悩む方

など、こちらも顧客像が「具体的に」浮かんできます。**「安心・
安全」のような粗っぽい表現ではなく、徹底的に具体化してい
くと、全く違う顧客像が浮かび上がってくるのです。**

この場合の「強み」の「メッセージ」の伝え方は、「食べればわかる」とはならないように思います。アレルギーに悩む方に「食べていただく」のは抵抗が大きいでしょう。

　であれば、実際の製造工程をご覧いただくことで、小麦粉、酵母、塩、水だけでできていることを知っていただいたり、研究機関などにパンの成分分析をしてもらって、その結果を見せる、というような「伝え方」が良いかもしれません。

　このように、「安心・安全」のようなふわっとした「強みの表現」ではなく、徹底的に具体化していくことで、全く違った「急所」「買いたいを作る行動」が導かれるのです。
　つまりは「急所」に刺すとは、「強み」「顧客」「メッセージ」を徹底的に具体化し、それを「買いたいを作る行動」として落とし込み、着実に「実行する」ということなのです。

　ですから、「急所」を考える１つの有効な方法が「戦略の具体化」となるのです。

　「急所」などと言わずに「強み」「顧客」「メッセージ」を具体的に考えようと言えば良いのではないか、と言われそうですが、現実としてそうはならないので、「急所」という言葉を使っているのは前述した通りです。

　ウタマロ石けんの「子どもの靴下の泥汚れが落ちる」という「強み」も、ある意味で「高品質」に分類されます。
　しかし、ウタマロ石けんを「高品質な石けんです」と顧客ター

ゲットに伝えたとしても、「買いたい」は作れません。今どき「低品質な石けん」は日本では売られていないからです。

　お客様の「買いたい」を作るためには、戦略を具体化する必要があります。「高品質な強み」を「高品質を求める顧客」に提供する、というような粗っぽい戦略では「買いたい」が作れず、「売れない」のです。

「強み」を具体化する2つの方法

　本章の最後に、「強みを具体化する」ための方法論を2つ紹介します。

方法1：既存顧客に聞く

　1つは、**既存顧客に聞く**、ということです。これが王道です。既存顧客は、既に自社商品・サービスの良さ・価値をご存じです。当然「強み」もご存じのはずです。

　ウタマロ石けんは、自らの強みにどうやって気づいたかというと……、

『西本社長は、愛用者がどのような使い方をしているのかを調査。愛用者の多くが、子どもの靴下や食べこぼしなど、洗濯機洗いだけでは落ちにくい部分の手洗いにウタマロ石けんを使っていたことが分かった。08年から「部分洗い用せっけん」をうたい、しつこい汚れに強いという特徴を前面に打ち出した』(2018/11/23、日経MJ、1ページ)

と、実はお客様に「使い方」を聞いたら「強み」がわかったのです。なぜ「使い方」が大事かというと、価値は使い方に現れるからです。お客様は「使う」ために買うのであって、決して逆ではありません。

　急所を探り当てる上で一番重要なことは、「お客様をとにかくよく知る」ことです。

　私の経験上、お客様とよく話している、という方はすぐに自社の急所がわかります。急所を知る上で一番大切なことは、

- 具体的にどんなお客様が
- 具体的にどんなニーズのときに、どんな使い方をするときに
- 具体的にどんな競合と比較して
- 具体的に自社商品・サービスの何を評価して

「買う」と決めているのか、を把握することです。「買いたい」という意思決定に至った理由を、お客様の「事実として」把握する、ということです。

　急所が見つからないときには、まずは顧客ヒアリングをして、以上のことを把握するのが重要になります。

方法２：「例えば」を問う

　「強みを具体化する」もう１つの方法は、「例えば」を問う、ということです。お客様に聞くときにも使えますが、自分に「例えば」を問う、という使い方も良いです。

ウタマロ石けんで「例えば」を問う、をやってみましょう。

●自社の石けんの強みは「高品質」です

　　　　↓

　例えば、どういうことですか？

　　　　↓

●「汚れがよく落ちること」です

　　　　↓

　例えば、どんな汚れがよく落ちるんですか？

　　　　↓

●「洗濯機では落ちない汚れです」

　　　　↓

　洗濯機では落ちない汚れって、例えば、どんなものがありますか？

　　　　↓

●「泥汚れ」です

　　　　↓

　その泥汚れは、例えば、どんなところについているんですか？

　　　　↓

●「子どもの靴下」です

と、具体化していきます。**「例えば」というのは、「具体性」を高めるキラークエスチョン**です。

「例えばどういうことだろう？」と自分の中でどんどん問いを繰り返していけば良いんです。

ここまで来たら、次は、「例えばどんな人がこの石けんを欲しがるんですか？」と同様に顧客を具体化していきます。

●子どもの親です
　　　　↓
　例えば、どんな「子どもの親」ですか？
　　　　↓
●子どもの靴下の泥汚れに悩んでいる親です
　　　　↓
　例えば、どんな子どもですか？
　　　　↓
●運動をしている子どもです
　　　　↓
　例えば、どんな運動ですか？
　　　　↓
●サッカーなどは靴下の泥汚れがひどいです
　　　　↓
　では、その「サッカーをする子どもの親」はどこにいるんですか？
　　　　↓
●子どものサッカー大会の会場などにいます

と、やはりどんどん具体化されていきます。そして、子どものサッカー大会の会場で実演して、サンプルを配る、と打ち手に落ちていくわけです。

　「強み」と「顧客」を徹底的に具体化すると、「急所」や「買いたいを作る行動」が自然に決まっていきます。

　このようにして、「高品質」などのふわっとした言葉で止めずに、**お客様は「具体的に何を理解すればあなたから買いたいと思うか」を徹底的に突き詰めていく**わけです。

　では、どうすればこのような「例えば」に対して応えられるようになるかというと……。

　結局、**お客様を深く理解する、ということしかない**と思います。お客様のことを調べる、お客様と話してみる・聞いてみる、などして顧客理解を深めていけば、急所は自然にわかります。

　私の経験でも、お客様との会話頻度の高い方や、お客様が自社商品・サービスをどう使うかという「使い方」を理解している方が「急所」を知っていることが多いものです。

　同じ営業部門の方でも、お客様とよく話している方ほど「急所」を見つけやすいのです。

　逆に言えば、「急所を把握できているかどうか」が「お客様のことをよく理解できているかどうか」の１つのチェックポイントとなります。

急所の探し方2：
お客様の意思決定プロセスから
アプローチする

第 4 章

お客様の意思決定プロセスを分析する「マインドフロー」

「急所」は
お客様の「意思決定の流れ」のどこかにある

　第3章と第4章では、「急所」を探すための方法を紹介しています。第3章では、戦略を具体化する、というアプローチでした。第4章では、お客様の購買意思決定プロセスからアプローチしてまいります。

　「急所」とは、「自社の行動とお客様の反応の相互作用点」、すなわち「買いたいボタン」があるところでした。

　お客様は自分の意思決定プロセスのどこかで「買いたい」と思うわけですから、**お客様が商品・サービスを「認知」することから始まる「意思決定の流れ」のどこかに必ず「急所」がある**、ということになります。

　ですので、次はお客様が商品・サービスを買うと決める「意思決定の流れ」について考えていきましょう。

マインドフローを構成する7つの関門

　お客様の「購買意思決定の流れ」を明確化し、わかりやすくしたのが、私が「マインドフロー」と呼ぶツールです。お客様

の「ココロの流れ」という意味で「マインドフロー」です。

最近では「カスタマージャーニー」と呼んだ方がわかりやすいかもしれませんが、2005年に出版した拙著『図解　実戦マーケティング戦略』から「マインドフロー」と呼んでいますので、統一性を保つためにも「マインドフロー」で続けます。

気になる方は、お手数ですがアタマの中で「カスタマージャーニー」とお読み換えいただければ幸いです。

マインドフローは、お客様が「ファンになる」までの「ココロの流れ」です。単純に言えば、お客様は知って、買って、使って、ファンになるわけです。

それをもう少し厳密化し、使いやすい形でまとめると下図のようになります。

マインドフロー：潜在顧客がファンになるまでの7つの関門

	関門の意味	止まる理由	行うべき施策
認知	商品・サービスを知る	商品・サービスの存在を知らない	ターゲットにあった広告媒体、目をひく広告メッセージ、等
興味	ニーズを感じて興味・関心を持つ	知っているがニーズを感じない	わかりやすいメッセージ、ニーズ喚起広告、等
行動	来店・資料請求・HPを見る等、体が動く	興味を持つが、何かするのが面倒	顧客接点拡大、行動手順説明、景品、行動促進広告、等
比較	競合と比べて「こっちがいい」と思う	調べた結果、競合の方が良かった	商品改善、販売員訓練、販促ツール改善、強みを伝える広告、等
購買	お金を出して買う、契約書にサインする	買えない障害があった	販路拡大、申込書改善、クレジットカード受付、ローン提供、景品、等
利用	使う、食べる、読む	買ったが使っていない、使ったが不満	操作性改善、マニュアル改善、使い方指導、用途提案、等
愛情	使って満足し、愛用する	愛着がわかない忘れる	ファンの集い、継続的コミュニケーション、等

ゴール：ファンとなりリピート・口コミをしてくれる！

このような考え方を「ファネル」(漏斗)と呼びます。一番上の「認知」から入り、一番下の「愛情」まで、1つ1つの「関門」を通り抜けていく間にだんだん顧客数が減っていく(漏斗が狭まっていく)ので、「ファネル」(漏斗)です。

　このようなファネルのモデルで有名なのは「AIDMA」です。Attention(注意)→ Interest(関心)→ Desire(欲求)→ Memory(記憶)→ Action(行動)という「流れ」です。

　ただ、AIDMAは Interest と Desire の違いがわかりにくい、Actionと言ってもお客様の全ての行動(ホームページを見る、店に行く、商品を買う、実際に使う、など)がActionとなり混乱を招く、などの使いにくさもあります。

　そのような点を改善して使いやすくしたのが、このマインドフローです。

　まずは、このマインドフローそのものについて解説させていただきます。

　要は、**お客様は、知って、試して、買って、使ってファンになる、という当たり前の流れ**のことであり、それをもう少し丁寧に体系化したのがマインドフローです。

　例えば、あなたがレストランなどのファンになる場合で考えてみましょう。

　あなたがよく使う駅の近くに新しいレストランが開店したとします。あなたが駅の近くを歩きながら、昼食をとる場所を探しているとき、どのような「意思決定の流れ」でそのレストラ

ンに入る（＝「買いたい」）と決めるでしょうか？

　順に１段（関門）ずつ見ていきますが、最初に全体の流れをまとめると、次の図のようになります。

マインドフロー：レストランの場合

	お客様の行動	改善ポイント
認知	店の存在に気づく	店の外装、立地、チラシ、カンバン
興味	入ってみようかなと思う	店の外装、カンバンのコピー
行動	店頭メニューを見る 店内をのぞく	店頭メニュー
比較	この店にするか、 他店にするか考える	メニューの魅力、 価格、店内の混み具合
購買	入店し、注文する	店員の態度、内装、メニュー
利用	食べて味わう	味・量、価格、接客
愛情	料理がおいしく、 居心地も良いと思う	次回割引券、ポイントカード

ゴール：ファンとなりリピート・口コミをしてくれる！

①認知

　まずは「認知」から始まります。自社商品・サービスの存在が「認知」されなければ、何も起きず、お客様との関係はそれで終わりです。ここで大事なのは「目立つこと」です。まずは目を向けていただき、「認知」していただくのです。

　レストランの「認知」の打ち手は、カンバン、ファサード（店の外装）やチラシの配布などですね。

　「認知」させるための「媒体の選択」も大事で、当然ですが「顧

客ターゲットに届く媒体」を選びます。

　TVCMなら顧客ターゲットが見る番組に、YouTubeなら顧客ターゲットが好きなYouTuberのチャネルにCMを流します。

　店のカンバンは、「店の前を通る人」というレストランにとって重要な顧客ターゲットの目に入る大切な媒体です。

　チラシを配る場合は、「どこで、誰に配るか」が重要です。新聞の折り込みチラシの場合は、「どの新聞のどのエリアに配布するか」などが大事になりますね。

　レストランの近くにスポーツジムがあり、そのジムの顧客と自店の顧客が重なる場合には、互いに相手のチラシを置いたりしても良いかもしれません。

　「顧客ターゲットに届く媒体」を考えるという意味で、やはりBASiCSで「顧客」がきちんと定義されているということが重要です。

②興味

　「認知」されても、お客様に「興味」を持っていただけるとは限りません。TVCMを流しても、「興味」をひかなければ全て聞き流され、広告費のムダとなります。

　ここで大事なのは、「ニーズを喚起すること」です。BASiCSで考えた「メッセージ」がここで活きます。刺さるメッセージを伝えれば、「興味」を持っていただけるはずです。

　レストランの場合、大きなカンバンを出せば「認知」はされるでしょうが、やはり「興味」をひくものでなければ、やはりそれで終わりです。チラシを配って受け取っていただけても、

そのメッセージに「興味」を持っていただけなければ、チラシがゴミと化します。

　レストランで言えば、「おいしそう」などと思っていただくことで、「興味」を喚起します。カンバンにおいしそうな料理の写真が載っていれば、「興味」を持っていただけるかもしれません。「どんなときに使うか」（家族との団らん、1人で手早く、テイクアウト、など）という提案も大事です。

③行動

　「認知」「興味」は、お客様の「アタマの中」で起きます。何かを見て・聞いて認知し、考えて興味を持つわけです。

　「興味」の次は「行動」です。お客様のカラダが動きます。カラダを動かす、というのはお客様の「抵抗」が非常に大きいところです。

　具体的にお客様がとる「行動」の例としては、

- スマホやPCで検索し、ホームページを見る
- 資料請求のために会社・店に電話をかける、ウェブで資料請求する
- 店頭で実際に手に取って製品の実物を見る
- 営業担当者とのアポをメールで要請する

といったことがあげられます。

　いずれの場合も、お客様にとっては、「抵抗」が大きい行動であることがわかります。行動するのが面倒という物理的・時間的な抵抗に加え、自分の連絡先（電話番号・メールアドレス

など）を開示するのがイヤという心理的な抵抗もあります。

　レストランの場合は、「店の前で足を止める」ということが意思決定プロセスの上で重要な「行動」の１つになります。店の前で足を止めなければ、店に入らないからです。
　そのために例えば有効なのが、店の「前」に店外メニューを置くことです。
　日本では店の「前」にメニューがある店はあまり見ません。入店してからでないとメニューを見られませんが、意思決定の順序としては入店する「前」にメニューを見たいはずです。
　ですから海外の多くの国のレストランでは店の「前」の店外に店内と同じメニューがあります。少なくとも私が行ったことのある国（米国、カナダ、英国、イタリア、ニュージーランド、などなど……）の多くの店ではそうでした。

　これは、お客様の「足を止める」仕掛けとして機能します。「興味」を持ったら、「この店のメニューは何だろう」とメニューを見るために足を止める（＝行動）わけです。

　チラシで「認知」して「興味」を持った場合は、インターネットでさらにお店の情報を得ようとするかもしれません。そうなると、チラシに店舗のホームページに飛ぶQRコードをつけておくことなどが有効かもしれません。
　このように「認知」の媒体によって、そこから先のお客様の「行動」は変わります。

④比較

　「行動」関門を越えると、「買いたい」度合いがかなり高まってきているはずです。関門を越えていくたびに、「買いたい」度合いが高まります。

　売り手としては、各関門で「買いたい」度合いをその関門の「お客様の心理状態」に合わせて高めていくのです。

　「行動」の次は「比較」です。「どれを買おうか」という心理状態へと進み、「他に同じような商品・サービスはないか」と、他と「比較」するわけですね。

　その「比較対象」が、先ほどのBASiCSで見てきた「競合」となります。ここで重要なことは、「比較した結果、競合ではなく自社を選んでいただく」ということです。

　そのためには、

● 強みを作る（商品・サービス）
● 強みを伝え切る（広告・販促）

ということが重要になります。「強み」＝「お客様が競合ではなく自社を選ぶ理由」ですから、「強み」を「伝え切る」ことができれば、自社を選んでもらえます。

　レストランの場合は、他のお店（を思い浮かべながら、あるいは、他の飲食店の前を通りながら意識的・無意識的に）と「どちらがおいしそうかなあ……」などの「比較」をします。

171

まず、「いくらなのか、何があるのか、おいしそうか」を考えるでしょう。すると、入る「前」に、価格や料理の写真を見ることが重要になります。これは店の「外」で必要ですから、店頭にメニューがあることの重要性がわかります。

そして、「混んでいるかどうか」を見るでしょう。ガラガラだと不安ですし、混みすぎだと時間がかかりそうです。そこで、店内の様子が外から見えることが大事です。外から中が見えない飲食店は、入るのに躊躇しますよね。

⑤購買

「競合」となる商品・サービスとの「比較」に勝って自社商品・サービスが選ばれたら、お客様は「購買」へと進みます。いよいよ「買う」わけです。

が……、「買いたいのに買えない・買わない」ということもあります。すると、ここでお客様が止まってしまいます。

例えば、

- 商品が欠品している、または届くのにすごく時間がかかる
- クレジットカードで買いたいのにそのカードが使えない
- 商品が重くて持ち帰れない
- お客さんが列をなしていて、並ぶのにゲンナリ
- 店舗が営業時間外だった

などですね。

「商品が重くて持ち帰れない」というような場合は、配送サービスをすれば、その問題は解決されます。

「お客さんが長蛇の列をなしていて、並ぶのがイヤ」という場合もありますね。コンビニはお客様が並んでいたらすぐに閉めているレジを開ける、という対応をしてくれることが多いですが、それもこの問題を解決しようとしているのでしょう。

レストランの場合でも、「せっかく来たのに混んでいて、入れない」ということがあるかもしれません。

チラシで「認知」していただく場合には、「空いている時間帯」などをあらかじめチラシに書いておくと親切ですよね。

今は、スマホで予約ができるお店も多いです。「せっかく来たのに営業時間外だった」ということもありえますから、営業時間をホームページやチラシなどに明記しておくのも重要です。

レストランでは、「購買」のときに決定的に重要なのが「メニュー表」です。「メニュー表」が客単価に与える影響は極めて大きいです。いくつかメニュー表を作って、「どんなメニュー表にすると客単価が上がるか」をテストする店もあります。

もちろん理想は見やすく、おいしそうで、ついついたくさん頼んでしまうようなメニュー表が良いですね。

⑥利用

「購買」の次は「利用」関門です。買ったら使います。お客様はついに「購買」関門を越え、商品・サービスを買いました！

売り手にとってはこれで終わりかもしれませんが、お客様に

とっては「これが始まり」です。お客様は「使うために買う」のですから。

　しかし、「買っても使えない・使いにくい」という場合があります。

　例えば……、

- 操作方法や使い方が難しくて、使いこなせない機械
- 表現が難しくて、読みにくい、つまらない本（本書がそうでないことを祈ります）
- 調理方法が難しくて、うまく作れない食材・食品

などです。

　「難しくて使いこなせない」という場合は、操作方法やマニュアルを整備する、動画で説明する、というような打ち手が必要ですね。機械などの場合は、いわゆる「ユーザーインターフェース」が重要になります。「見ただけで誰でも操作できる」というのが素晴らしいインターフェースです。

　Apple社の製品はどれもユーザーインターフェースに優れていて使いやすく、インターフェースへのこだわりが感じられます。

　商品・サービスが使いにくいと、そして商品・サービスそのものが良くないと、「利用」関門でお客様が止まってしまい、リピート・継続購買につながりません。

　ここで、商品・サービスの「性能」「使いやすさ」などが大

事になります。

　レストランの場合の「利用」関門は、「食べる」ことです。ここでやっと「味」が意味を持ちます。食べる前までは味はわからないのです。

　また、従業員接客なども重要です。対応は良いか、例えば親切にトイレの場所を教えてくれるかどうか、なども大切です。

⑦愛情

　「利用」関門を越えると、「愛情」関門にきて、「ファン」となって、「また買いたい」と思っていただけるはずです。つまり、リピート・継続購買が生まれます。

　しかし、まだ大きな障壁があります。それは……、

●お客様は忘れる

という関門です。売り手であるあなたは、あなたの商品・サービスのことを常に考えています。しかし、お客様の生活の中で、お客様があなたの商品・サービスが占める割合はごくわずか、次の瞬間には別のことを考えています。

　ですから、「忘れさせない仕組み」「継続購買の仕組み」を作る、ということも重要です。

　地域の飲食店は基本的にリピートビジネスです。「また買いたい・行きたい」と思っていただけることが非常に重要ですから、「次回来店時の割引券」のような取組が効果的になりえます。「割引券が財布に入っている」ことで、財布を開けるたび

にその店を思い出します。サービス券が「忘れさせない仕組み」になっているわけですね。

　雑誌だと「定期購読」のような仕組みがあり、それはまさに継続購買です。定期購読は英語で「Subscription（サブスクリプション）」ですが、今や「サブスクモデル」は色々なところに広がってきましたね。

　私は、一時期マクドナルドの強みを調べていたのですが、ユーザーインタビュー時にマクドナルドの「強み」として非常に多かった答えが、

　「クーポンがあるから行く」

というものでした。

　これは、厳密にはマクドナルドの強みは何か、という答えにはなっていません。マクドナルドの強みはあくまで「飲食店としての魅力」であるはずです。
　が……実際には、「マクドナルドを思い出すキッカケ」としてのクーポンの役割は、お客様の意識の上で非常に大きい、ということなのでしょう。
　マクドナルドがクーポンを出す狙いの1つに、お客様に「思い出していただく」ことがありそうです。マクドナルドもまた「忘れさせない仕組み」を作っているのですね。

　また、SNS全盛の現在、レストランで食べておいしかったら

「インスタに投稿して共有する」という行動もあります。これも「愛情」関門です。昔は「物理的な口コミ」で「共有」しましたが、今はSNSも強力な口コミツールです。

　すると、そのSNSを見た他の方の「認知」「興味」につながります。SNSにあげていただくことで、他の方の「認知」から始まるサイクルがまた回る、ということもありますね。

　ここまで、お客様の意思決定の「流れ」を見てきました。「認知」関門から始まって「愛情」関門を越えることで、お客様が「ファン」になります。

　初回購買の急所は、「認知」から「比較」のどこかにあるはずですし、リピート購買の急所は、「購買」から「愛情」のどこかにある、ということになります。

　B to B（法人顧客対象のビジネス）でも、このような「流れ」の考え方は同じです。B to Bでは、例えば「認知」「興味」が「展示会への出展」で、「行動」が「展示会での名刺交換」、「比較」は「アイミツ」（相見積もり）となるようなことがあります。やっていることは全く違うように見えますが、購買意思決定の「流れ」の考え方はB to CでもB to Bでも全く同じです。

2 マインドフローで 「急所」を探す方法

「マインドフロー上の頻出ルート」を調べる

では、このマインドフローを使って「急所」を考える方法を見ていくことにしましょう。

「あなたから買いたい」が発現する瞬間が急所ですから、急所はお客様の「意思決定の流れ」、すなわちマインドフローのどこかにあることになります。

そんな急所を調べる方法の1つとして、お客様のマインドフロー上の**「頻出ルート」**を推測する・調べる、という方法があります。

基本的に全てのお客様が「認知」→「比較」というプロセスを経て、「購買」(=「買いたい」)に至ります。そして、「利用」して「愛情」を持ち、「また買いたい」というファンになります。

その中で、**多くのお客様が共通してとっている行動や触れている情報**がわかれば、それがお客様にとって「重要な意思決定ポイント」である可能性があります。

BtoBの実例ですが、ある会社がホームページのアクセス分

析をしていて、あることに気づきました。それは「問い合わせをするお客様の多くが、『小ロット対応』について説明しているページを見てから問い合わせをされる」ということです。

　これでわかるのが、お客様は「小ロット対応」のニーズが強い、ということですね。つまり、「『小ロット対応』が伝われば、問い合わせが来る」ということです。

　この場合は「小ロット対応（という「強み」）を（メッセージとして）伝え切る」ことが「急所」である可能性が高いわけです。「小ロット対応」をホームページのトップページなどで大きく訴求すれば、問い合わせを大きく増やすことができそうですよね。

　このように、**購買につながった多くのお客様が通った「お客様の頻出ルート」、すなわち「共通してとった行動」や「共通して知った情報」がわかれば、それが「急所」である可能性が高い**わけです。

　例えば、「試す」という過程が「必須の過程」となることは多くあります。「試す」というのは「行動」から「比較」の関門におけるお客様の行動になります。

　スキンケア製品などでは、自分の肌で試してみないと買わない、ということがあります。ですから、実際に肌に塗って試してみる「パッチテスト」などをして、自分の肌に合うかどうかを確認する、というのが「必須の過程」となります。

　このようなお客様が通る「必須の過程」が「頻出ルート」としての「急所」になることが多いわけです。

「試す」ことが「急所」であれば、試させよう、すなわち「お客様に試していただく」ところまで誘導することが大事になります。ウタマロ石けんはまさにその典型的な事例でした。

　イメージとしては、下図のようになります。この図では、「認知」「購買」「利用」には様々な選択肢があっても、ほぼ全てのお客様にとって「試す」ことが必須の過程になっています。このようなときには「試す」ことが急所になることが多いのです。

マインドフロー上で「頻出ルート」を探し当てる

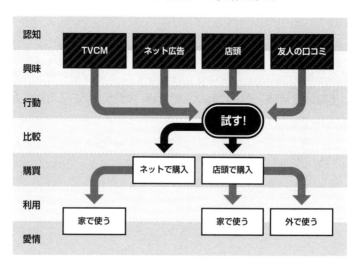

　ただ、「試す」ことがあまりにも当たり前の場合は、「試すこと」は当然として、「どうすれば試していただけるのか」という、「試す」の1つ前のステップが「急所」になることもあります。
　例えば、自動車を買う場合は「試乗する」ことがほぼ必須で

しょう。工場が生産ラインに設置する設備を入れるには「デモをする」「試験生産する」ようなこともほぼ必須でしょう。自動車や工場の生産ラインで使うような商品（例えば、生産機材など）は、試さずには買わないんです。

逆に言えば、「試す」がかなり重い決断となっており、その時点でかなり「買いたい」に近づいているんです。

このような場合、では、**「試そう」と思っていただくためには何をすれば良いか**、と1つ戻ることがいい場合があります。

「試す」（＝行動関門）の前の関門である、「興味の持たせ方」（＝興味関門）が大事なのであれば、「興味」を持っていただけるような製品特徴についての資料を作り込み、それをきちんと説明して、「見ればわかる」ようにする、ということが急所かもしれません。

これは行動関門から1つ前の興味関門へと、マインドフローの関門を1つ戻っていることになります。

このように、「急所」がマインドフローの関門を「戻ったところ」にある場合もあります。

いずれにせよ、「急所」はマインドフローのどこかにありますから、丹念にマインドフローの上で探っていくわけです。

「購買」や「愛情」に至った理由を聞く

では、どうすれば「お客様の頻出ルート」や「あなたから買いたいと思った瞬間」を把握できるか、ですが……、その方法

は単純です。

　お客様がどのように自社商品・サービスを「認知」し、どんなプロセスを経て「購買」や「愛情」に至ったのか、をお客様にヒアリングすれば良いのです。

　お客様にヒアリングするのは、例えば以下のことです。

- ●認知：どこにあるどの媒体で自社・自社商品・サービスを最初に知ったか
- ●興味：そのときに興味を持ったのはどんな情報（文言・画像など）か
- ●行動：知った後にどんな「行動」をとったか
- ●比較：他のどんな商品・サービスと比べて、どのような基準で評価し、決め手は何だったか
- ●購買：いつどこでどのように買ったか、いくらだったか
- ●利用：買った商品・サービスを、いつどこでどのように（場合によっては何のために）使ったか
- ●愛情：何に満足したか（あるいはしなかったか）、他の方へのお勧めポイントは何か

　B to B（法人顧客対象のビジネス）でしたら、ビジネスの規模にもよりますが、10〜20人（社）に聞くだけでも、流れがだいぶつかめると思います。

　B to C（個人顧客対象のビジネス）でしたら、顧客セグメント別に見ていくことが多いので、できればもう少し聞く対象者を増やした方が良いでしょうね。通常は少なくとも100人以上、

でしょうか。

　聞くべきことは、

- どこが意思決定上の重要なポイントであり「決め手」（＝急所）となったのか
- どんな情報が刺さったのか、何を見て知って「買いたいランプ」が点灯したのか
- それはなぜか

などです。これらの情報をもとに「急所」の仮説を立てていくわけです。

　お客様に聞いてみないとわからない、ということは多くあります。
　私事で恐縮ですが、私が定宿としている高原のペンションがあります。初期の私の意思決定のポイントは「駅からの送迎あり」ということがホームページに書いてあったからです。当たり前のように見えて、ホームページにそう明記してあるペンションは他にほとんど見つけられませんでした。
　「駅からの送迎あり」が私にとっての「決め手」であり、「急所」だったことは、私に聞かない限り、ペンションにはわかりません。ですから「わからないことはお客様に聞いてみる」ということが大切です。
　結局、答えを知っているのはお客様なんです。

営業の場合の「急所」の探し方

　営業の場合は、自社でうまくいったときの自社の「行動」を分析することで、「急所」がわかることも少なくありません。

　営業の場合、同じエリアで同じものを売っていても、営業担当者が代わると売上が変わる、という非常に摩訶不思議なことが事実として起きます。

　このような場合、「売れている営業担当」と「売れていない営業担当」にそれぞれやっていること、すなわち「行動」を確認する、というのが効果的なことがあります。

　「意見」はあまり当てになりません。「売れている営業担当」に「どうやって売っているんですか？」と聞くと、「やるべきことをやっているだけ」という答えが返ってくるようなことがあるからです。

　それはおそらく「上手な」営業担当者が、「無意識的に」お客様の「急所」を刺しているのだと思います。無意識にやっているので、「これが大切だ」というのがわかりません。

　ですので、「意見」ではなく、具体的に何をしているのかという「行動」を聞きます。

●訪問する顧客はどうやって決めているか
●訪問前の事前準備は、具体的にどんなことをしているか
●訪問したら具体的に何をするか。どの資料を見せて、どん

な言葉で説明しているか

●お客様からどんな質問が来て、どんな返答をするか

などなど、とにかく具体的に「行動の違い」を見ていきます。その「違い」に、「急所」が隠されていることも少なくありません。

　例えば、お客様への「上手な声かけ」が急所になっているようなことも実際にありました。声かけにも「うまい・ヘタ」があるんです。

　その「上手な声かけ」を、「売れる営業担当者」は「無意識に」やっているわけですね。ですから、売れている営業担当者が「どんな言葉で声かけをしているのか」まで徹底的に「行動を具体化」していくことで、「急所」がわかることもあります。もし、「急所」まで至らなかったとしても、組織で共有すべき有益な情報となることでしょう。

「急所のパターン」からわかる、あなたの「急所」とKPI

第  章

「急所」にはパターンがある

　第3章と第4章では「自社の戦略」と「お客様の意思決定プロセス」の両面から、「急所」を探す方法を見てきました。

　ここで、「急所」と「追うべき指標」としてのKPIの関係をあらためて整理してみましょう。

●急所＝お客様の「あなたから買いたい」が一気に高まる点
　　　＝お客様の「あなたから買いたいボタン」

ですから、急所がわかれば「買いたい」を作って売上を上げられます。その**急所に刺すための「買いたい」を作る「行動量」や、それに対する「反応量」が、「追うべき指標」すなわちKPIです。**

　ウタマロ石けんの例で言えば、「試せばわかる」が「急所」ですから、サッカーイベントで泥汚れが落ちることをお客様の前で実演し、お客様にサンプルを配ることが、急所に刺さる「買いたいを作る行動」になります。

　「追うべき指標」（KPI）としての行動量指標は「サンプルを配布した顧客ターゲットの人数」であり、この人数が多いほど、売上が上がるわけです。

このように「急所」が「追うべき指標」としてのKPIを決めます。急所とKPIはセットで決まるんです。逆に、「急所」がわからないままに「指標」を決めると、その指標の実行が売上につながるかどうかの検証ができていないまま闇雲に進んでいる、ということになります。

急所を探すとはつまり、お客様が「あなたから買いたい」と思うポイントを探す・作る、というマーケティング戦略上の最大のチャレンジです。まさに戦略を考え、実行する上での「急所」ですから、「急所探し」が難しいのは当然です。

私は多くの会社の「急所」と「追うべき指標」としてのKPIを考えるお手伝いをしてきました。その過程でわかったのが、**「急所」とKPIには、いくつかの決まったパターンがある、**ということです。

この「パターン」をご覧いただくと、急所探しに役立つと思います。そこで第5章では、「急所」とKPIのパターンについて見ていきましょう。

典型的なパターンの1つが「試せばわかる」というウタマロ石けんの例です。

なお、ウタマロ石けんは私がお手伝いした会社ではありません。私がお手伝いした会社は守秘義務などがあり、会社名を出すことはできませんので、ウタマロ石けんのような素晴らしい公開事例や一般的な例に置き換えて説明してまいります。

「急所」は大別すると２つ

まずは復習ですが、第２章で見てきたこちらを思い出していただけますでしょうか。

> **「あなたから買いたい」と思っていただくための２条件**
> ① 「強み」（あなたから買いたい理由）が実際に存在する
> ② 「強み」（あなたから買いたい理由）がお客様に伝わっている

この２つの条件が揃うとお客様に「あなたから買いたい」と思っていただけるのですから、結果として、急所のパターンもこの２つと揃うことになります。

> **「急所」の２大分類**
> 急所１：「強み」を伝え切る：BASiCSにおける「メッセージ」の強化
> 急所２：「強み」を作る・強化する：BASiCSにおける「強み」の強化

なお、「『あなたから買いたい』と思っていただくための２つの条件」と「急所の２大分類」とで、①と②の順序が入れ替わってしまっており、わかりにくくて申し訳ございません。

「急所」のパターンをご理解いただくにあたって、「①強みを伝え切る」「②強みを作る・強化する」という順番の方がわかりやすいというお声が多いために、順番を入れ替えさせていた

だいています。

そして、KPIは「急所」に従って決まりますので、KPIも2つになります。

急所とKPIの2大分類
急所1：「強み」を伝え切る：KPI＝「強み」を伝えた
　　　　量（行動量）とそれに対する反応量
急所2：「強み」を作る・強化する：KPI＝「強み」を作っ
　　　　た量（行動量）とそれに対する反応量

最初に、この2大分類の概要を説明し、後ほどこの2大分類ごとに詳細な事例を解説してまいります。

急所1：「強み」を伝え切る系

「急所1：強みを伝え切る」ことが「急所」になった典型例がウタマロ石けんです。

ウタマロ石けんには、もともと「泥汚れが落ちる」という商品上の強みはありました。その**「強み」が「伝わり切っていなかった」ことが戦略上の課題**でした。

この場合、**「強みを伝え切る」ことが急所であり、その「行動量」や「反応量」が追うべき指標**となります。その指標を追えば、「買いたい」が作れ、売上が上がることになります。

「強みを伝え切る」ことが戦略上の課題だったために、急所が「試せばわかる」となったわけです。

```
┌─────────────────────────────────────────────┐
│ 「強みを伝え切る」ことが急所になる場合のＫＰＩ │
│ ・自社の行動量指標：顧客ターゲットに「強み」を伝えた │
│ 　量（人数×伝えた量、など）                 │
│ ・顧客の反応量指標：「強み」に反応した顧客ターゲットの │
│ 　量（人数×反応の強さ、など）               │
└─────────────────────────────────────────────┘
```

急所２：「強み」を作る・強化する系

　次に「急所２：強みを作る・強化する」ことが「急所」になった典型例が100ページ以降で紹介した「クラゲ水族館」です。

　クラゲ水族館には「強み」がありませんでしたが、「クラゲ」というお客様にとって魅力的な「宝」を発見、それに集中しました。結果として世界一の「クラゲ水族館」となり、お客様の「買いたい（行きたい）」を作りました。

　クラゲ水族館の場合は**「強み」を新たに作ること自体が戦略上の課題**だったため、「クラゲの展示種数」という「強み」を増やすことが「急所」となり、その「行動量」や「反応量」がＫＰＩとなったのです。

　すると、その「結果」としてお客様の「買いたい」（＝行きたい）、すなわち「入館者数」が増えます。実際にその通りになりました。

　この場合、「強みを作る」ことが「急所」であり、その「行動量」や「反応量」がＫＰＩとなります。そのＫＰＩを追えば、「買いたい」が作れ、売上が上がることになります。

「強みを作る・強化する」ことが急所になる場合のＫＰＩ
・自社の行動量指標：強みを作った、または強化した量
・顧客の反応量指標：強みに反応した顧客ターゲットの量
　（人数×反応、など）

　では、次節から、「急所１：強みを伝え切る」ことが急所となるパターン、そして、「急所２：強みを作る・強化する」ことが急所となるパターン、と順番に見ていきましょう。

強みを伝え切る系の「急所」と その指標： 認知・興味関門編

「強み」があるなら、伝え切れば売れる

まずは、急所が強みを「伝え切る」ことにある事例を見ていきます。

多くの会社で急所探しをお手伝いさせていただいた私の経験からですが、この「強みを伝え切る」ことが急所となることが一番多いと思います。ですから「自社の急所がわからない」という場合、まずはここから考え始めると良いと思います。

「強みを伝えているのに売れない」という場合、理由は2つあります。

1つは、「強み」や「顧客」の設定が誤っている、という**戦略のミス**です。

顧客ターゲットの設定を間違えたら（例えば、その顧客にニーズがない、など）、何をしても売れません。また、「強み」と思っているのは自分だけで、お客様には特にメリットも何もなかった、あるいは競合の方が良かった、ということがあるかもしれません。その場合は、BASiCSに戻って戦略をチェックする、ということになります。

もう1つは、強みを伝「え」てはいても、伝「わ」っていないという伝え方のミスです。

伝「え」ることと、伝「わ」っていることは全く違います。頑張って伝えても、それが伝わらない・刺さらないような伝え方では意味がありません。

前述の通り、「高品質」「安心・安全」「生産性が上がる」というようなふわっとしたメッセージではお客様に刺さりません。ウタマロ石けんの強みは「子どもの靴下の泥汚れが落ちる」という具体性が高いものです。しかし、これを普遍化してしまうと、「洗浄力が高い」となってしまいます。「洗浄力が高い」はどの会社の洗剤も謳っていますので、それでは差別化できず、お客様に刺さりません。

刺さるようにするためには徹底的に具体化して「尖らせる」必要があります。鈍器ではなく、先が尖ったヤリのような鋭いメッセージをイメージしましょう。

強みを伝え切る際には、まずは「強み」を具体化する必要があります。繰り返しますが、「高品質」などの粗っぽい言葉はNGワードです。「他の洗剤では落ちない、子どもの靴下の泥汚れが落ちる」というレベルまで具体化します。

「強み」を具体化すると、「顧客」も自動的に具体化されます。顧客は「子どもの靴下の泥汚れに悩む親」です。

そして、これを「伝え切る」方法を考えます。

言葉や画像では伝え切ることができません。実際に汚れが落

ちるところを実演して「目の前で見せ」、サンプルを渡して「お客様に実際にやっていただく」までして、ようやく「伝え切る」ことができました。

メッセージの伝え方の名手のおひとり、株式会社ジャパネットたかたの高田明社長（当時）がこのようなことをおっしゃっていました。

『どんな商品でも良さを分かってもらうにはプロ意識を持って徹底的に伝える。10回であきらめてはダメ。100回でもダメ。伝え切ったと思った瞬間、絶対に売れる』（2014/01/17、日経MJ、4ページ）

非常に重い言葉だと思います。「伝え切るまで必死でやれば伝わる」という覚悟が伝わってくる言葉です。

では「強みを伝え切る」急所のパターンを見ていきます。

繰り返しますが、「急所」はお客様の「あなたから買いたい」という意思決定が起きる場所ですから、購買意思決定の流れ（＝マインドフロー）のどこかにあります。

ですから、ここからは、マインドフローの上で急所の位置を表していきます。

「強みを伝え切る」急所のパターンは、大きく２つに分類できます。まず、マインドフローの「認知」「興味」関門が急所となるパターンが１つ。そしてもう１つは、「行動」「比較」関門が急所になるパターンです。

急所はマインドフローのどこかにある

	関門の意味
認知	商品・サービスを知る
興味	ニーズを感じて興味・関心を持つ
行動	来店・資料請求・HPを見る等、体が動く
比較	競合と比べて「こっちがいい」と思う
購買	お金を出して買う、契約書にサインする
利用	使う、食べる、読む
愛情	使って満足し、愛用する

急所はお客様が
「これ買いたい！」と
思う瞬間だから、
この意思決定プロセス
のどこかにある

マインドフローの
流れを丁寧に
追っていこう

知ればわかる→知っていただこう

　それでは順番に見ていきましょう。まずは、「認知」「興味」関門が急所となるパターンです。

　このパターンの特徴を端的に言い表せば、**「知ればわかる」**となります。

　ウタマロ石けんの「試せばわかる」の場合は、「試すこと」が強みの実感につながる、というパターンでした。
　「知ればわかる」場合は、わざわざ試さなくても、そのような商品や機能の存在を「知る」だけでその強みがリアルに実感できるような場合です。

少々極端な事例ですが、「携帯電話」がそれに当たります。

　携帯電話が一気に普及したのは、1990年代です。それ以前は、外で電話をするほぼ唯一の選択肢が「公衆電話」でした。テレホンカードや十円硬貨を使って電話するわけですね。

　しかし、「携帯電話」は、屋外でも無線で電話できます。それを「知る」だけでその良さがわかるわけです。競合はほぼ公衆電話しかなく、それに対する強みもすぐにわかります。

　また、2023年現在で言えば、リニア新幹線もそれに近いでしょう。品川〜名古屋間が約40分でつながると言われる新幹線です。

　競合は現行の「のぞみ」(品川〜名古屋間が約90分)などでしょうが、それに比べて圧倒的に速いことが「知ればわかる」わけです。知ったら「乗ってみよう」(＝あなたから買いたい)と思いますよね。

　このような**「知ればわかる」が急所である場合の「買いたいを作る行動」は「知らせよう」**となります。

　業界初の何かで、非常に価値があるものであれば、メディアなどが取り上げてくれたり、口コミで広がったりすることもあります。携帯電話や新幹線の場合は、自分で知らせなくてもニュースなどが知らせてくれます。

　ただ、メディアが取り上げてくれることの方が希少です。

　例えば、非常に価格競争力の高い素材(＝安い原材料)を売っている会社が実際にありました。B to B(法人顧客対象のビジネス)です。差別化しにくい商材なので、価格勝負です。そし

て、その会社は低価格仕入力という独自資源を持っていました。

この場合、その「低価格」を「知らせればわかる」ということになります。調達担当者からすれば、いずれにしても買わなければいけないものであり、素材にほとんど差がないのですから安い方がいいはずです。つまり、「あなたから買いたい」が生まれます。

しかし、その「知らせる」ことがかなり難しい状態でした。TVCMなどはもちろんできません。さらには、担当者を探り当てることも難しかったのです。

この場合の「買いたいを作る行動」は、いかにその担当者を見つけるか、ということになります。企業の代表番号に電話してどう調達担当者を探り当てるか、などの勝負になるわけです。

この場合の「急所」とKPIは、こうなるでしょうか。

- **急所**：素材の調達担当者に自社の低価格を「知らせればわかる」
- **買いたいを作る行動**：自社の低価格を顧客企業内の担当者に知らせる
- **行動量指標（KPI）**：素材の調達担当者を探す行動の量（会社をHPで調べた量、電話の量、など）
- **反応量指標（KPI）**：「この会社のこの素材は他社より安い」と思った調達担当者の人数

「そうだ　京都、行こう。」という 競合排除のメッセージ

　「強み」が明らかではっきりしている場合、その**「強み」が活きるような使い方提案をすること（マインドフローの「興味」関門に働きかける行動）が「急所」になることがあります。**

　その典型例が「そうだ　京都、行こう。」です。JR東海の名キャッチコピーですね。私は平成最高のキャッチコピーだと思っています。

　コピーの美しさはもちろんですが、京都旅行のハードルを下げたことがまず素晴らしいです。いつでも気軽にふらっと京都に行ってもいい、という印象がもたらされました。

　しかし、「そうだ　京都、行こう。」の本当の凄みは、その戦略性です。

　「そうだ　京都、行こう。」の目的は、JR東海の新幹線を使って京都旅行をしていただき、結果として新幹線の売上を増やす、ということでしょう。「買いたい」を作って「売上」につなげるという好事例です。

　JR東海は、お客様に東海道新幹線を使っていただきたいので、「そうだ　京都、行こう。」なのです。マーケティングの王道である「使い方提案」です。

　では、ここで質問です。なぜ「京都」なのでしょうか？
　関東から行く場合、「大阪」でも「神戸」でも東海道新幹線は使いますよね？　「そうだ　大阪、行こう。」でも良いですよね？　大阪も京都と同様に非常に魅力的な街です。

　なぜ「そうだ　大阪、行こう。」「そうだ　神戸、行こう。」ではダメなのでしょうか？

　ここから先は私見です。おそらくJR東海に問い合わせてもお答えいただけないかと思います。
　その理由は……、**大阪だと「飛行機」という競合がある**からですね。大阪の伊丹空港は大阪の中心部に比較的近いですし、便も多くあります。大阪の場所によっては、関西空港も便利です。神戸にもやはり神戸空港があります。三宮という神戸の中心都市からポートライナー（電車）でわずか約18分というアクセスの良さを誇ります。

　「そうだ　大阪、行こう。」とJR東海がCMを大々的にやって、結果として増えたのがJALやANAの大阪便だった、となると「あなたから買いたい」（東海道新幹線を使いたい）を作れないんです。
　しかし、**京都には、2023年現在、空港がありません。関東圏から京都に短時間で快適に行こうとする限り、JR東海の東海道新幹線しか選択肢がないんです！**

　「そうだ　京都、行こう。」の本当の凄みはここにあります。**「京都に行こう」と関東圏のお客様が決めた瞬間に、自動的に、JR東海の東海道新幹線が使われることが決まるんです!!**
　これは本当にすごい戦略性だと思います。

　関東圏の方にJR東海の東海道新幹線を使っていただくための「急所」は、「そうだ　京都、行こう。」と思っていただくこ

とです。

であれば、JR東海がとるべき「買いたいを作る行動」は、とにかく京都の魅力をCMなどで伝え続ければ良いのです。

「春には桜、夏には川床、秋には紅葉」、と京都の魅力を伝え続ければ、JR東海の東海道新幹線を「買いたい」（＝乗りたい）が生まれるんです。

この場合のKPIは、「旅行先を探しているお客様に、京都の魅力を伝え切った人数」となるでしょう。この人数が増えるほどに「東海道新幹線を使いたい」（＝あなたから買いたい）となります。

「そうだ　京都、行こう。」の本当の凄みは、「京都の紅葉」などの美しいビジュアルの背後に隠されたこの戦略性だと思います。

これを私は「競合排除のメッセージ」と呼んでいます。「認知」「興味」の時点で「そうだ　京都、行こう。」と思った瞬間に、競合が排除され、自社以外の選択肢を排除することができるからです。

この急所は、マインドフローで言えば「興味」関門になります。京都に「興味」を持っていただけるかどうか、が勝負です。「京都旅行に興味を持ってさえいただければ、自動的に東海道新幹線が使われる」という「急所」です。

> ・急所：「京都に行こう」と思っていただければ新幹線が使われる

- **買いたいを作る行動**：「京都に行こう」と思っていただけるようなPRを行う
- **行動量指標（KPI）**：「京都に行こう」と思っていただけるよう、春の桜、秋の紅葉などをPRした量
- **反応量指標（KPI）**：「そうだ　京都、行こう。」と思った人の数

「競合排除のメッセージ」は、認知・興味関門で勝負を決められる

「そうだ　京都、行こう。」のような「競合排除のメッセージ」の妙味は、マインドフローの「比較関門を通る前に、比較関門をクリアしている」ということです。

「そうだ　京都、行こう。」と思って「さえ」もらえれば、「競合に対して勝利」となるんです。つまり、「興味」関門を越えた時点で「比較」する対象（＝競合である飛行機）がいないため、「比較」関門を越えられる、ということです。

これは、普遍化しますと、**「強みを活かした使い方提案」**となります。

自社の「強み」が活きる（＝自社しか選択肢がない）ような**「使い方提案」をすると、その提案に興味を持っていただいた時点で自社が選ばれる確率が高まる**んです。「京都に行こう」という「使い方提案」をすれば、東海道新幹線が自動的に選ばれる、ということです。

「そうだ　京都、行こう。」は特殊な事例であるかのように見えて、実はとても汎用性の高い、使い勝手の良い方法です。

　B to Bでも使えます。実際にあった事例を少し改変して紹介します。
　ある会社が「金属加工」の仕事をしており、その「金属加工」をすると耐久性が高まることで機械の耐用年数が長くなるという「強み」がありました。そして自社の商圏内で、その「耐久性を高める金属加工」ができるのが自社だけでした。
　その場合、「**機械の耐用年数を長くしませんか？　そうすると買換頻度が減って、○○円のコスト削減になるんです。**○○という（自社にしかできない）金属加工がそれを可能にします」という訴求（＝自社の使い方提案）をすれば良いのです。それに「興味」を持っていただければ、商圏内ではその金属加工は自社しかできないわけですから、自社が自動的に選ばれます。

　これは、「そうだ　京都、行こう。」と全く同じロジックの「強みを活かした使い方提案」です。「競合排除のメッセージ」は、突飛なように見えて、汎用性が高い手法です。

　ここでも「急所」は、「耐久性を高めて機械の耐用年数を長くすることでコスト削減につなげる」という自社の金属加工（＝京都）に「**興味**」を持っていただけるかどうか、です。
　「興味」を持っていただいた時点で、「比較」する対象（＝競合）が自社の商圏にはいないわけですから、自社が自動的に選ばれる（＝「あなたから買いたい」を作れる）ことになります。
　このように**自社にしかない「明確な強み」がある場合は、「強**

みを活かした使い方提案」をして、興味を持っていただくことが急所になりえます。

　この手法のもう１つのメリットは、お客様のアタマの中（＝意思決定プロセス）に早いタイミングで入り込めることです。

　認知・興味の段階では、まだニーズが「潜在的」であることがあります。旅行先を決める、というのはまさにそうです。旅行の予約のタイミングは旅行の１〜２カ月前が多いとされています。
　例えば、春の旅行先を決める１〜２月に「そうだ　京都、行こう。」キャンペーンをうつと、まだ旅行先を検討していない「潜在ニーズ」の段階でその意思決定に入ることができます。お客様のアタマに早く入り込むことで、「土俵に上がれる」確率も高まります。

　ＢtoＢでも、発注仕様・規格が決まってしまった「後」だとアイミツになり、ほぼ価格競争になります。**仕様（＝スペック）が決まる「前」に色々な提案を行うのがポイント**です。
　例えば、「量産」の前の「開発」段階でお客様に食い込む、いわゆる「スペックイン営業」を行うわけです。それにより、お客様の発注仕様・規格に影響を与えることができるかもしれません。
　その意味では**「そうだ　京都、行こう。」は「スペックイン営業」のＢtoＣ版**とも言えますね。お客様のアタマの中の発注仕様に、早い段階で（飛行機ではなく）新幹線を「スペックイン」できるのです。

測ればわかる：
「計測」で潜在ニーズを喚起する

　「認知」「興味」関門で「潜在ニーズ」を喚起する、という意味で「測ればわかる」という急所のパターンもあります。

　ある生産機器の営業パーソンの話です。その方は、その生産機器の排出物の計測機を常に携帯しています。
　「その生産機器の具合があまり良くない」というお客様の言葉を引き出した瞬間に、「計測機を持っていますので、今、測ってみませんか？」と言って工場に入れてもらいます。そこで計測機ですぐに計測します。
　「なるほど……。確かに問題があるようですね……。弊社でそれを解決するこんな機械がありますが、今度提案しましょうか？」と言うと、スムーズに商談に入れるそうです。

　その場で「測る」ことで、「潜在的」だったニーズが解決すべき「問題」として「顕在化」するのです。「あなたから買いたい」までは生まれないかもしれませんが、「買うことを検討したい」が生まれます。

　「測る」ことが潜在ニーズを「顕在化」させる「急所」になっているわけです。
　なお、「測る」ことで工場などの現場に入れていただきやすい、というメリットもありそうです（通常、工場に入れていただくのは機密上・安全上の理由などで難しいことが多いです）。

B to Bの営業などでは、この「測る」ことでニーズを顕在化させる手法は使いやすいと思います。

B to Cでも、この「測ればわかる」という手法はよく使われます。

典型的なのが化粧品の「肌診断」です。肌の「油分」や「水分」を計測し、その結果から「自分にあったスキンケア製品」としてお勧めすると受け入れられやすくなったりします。

そこまで精密な「診断」でなくても、サプリなどで「次の5項目のうち、3つにあてはまるあなたは○○系の病気に要注意！」というような「チェックリスト」も「測ればわかる」を応用した手法です。

「測る」ことで、お客様のアタマの中でニーズが顕在化した瞬間に、自社商品が目の前にある、あるいは自社が提供したチェックリストを見るなどして自社商品のことも認知している、ということになります。

この手法のメリットは、まさにここにあります。ニーズが顕在化した瞬間に、そのニーズにあった商品・サービスをお勧めできれば、競合に先んずることができます。

強みを伝え切る系の「急所」と
その指標：
行動・比較関門編

「試せばわかる」ウタマロ石けん

　ここまで、「強みを伝え切る」系の急所のうちの、マインドフローの「認知」「興味」関門が急所になった事例を見てきました。

　次は、同じく「強みを伝え切る」系の急所で、「行動」「比較」関門が急所になる事例を紹介します。認知・興味関門での急所がお客様のアタマの中で起きることであるのに対し、**行動・比較関門での急所は、お客様との「接触」において起きるもの**です。行動関門以降は、お客様と自社が何らかの接触をしているからです。

　私の経験上、この**「強みを伝え切る系の急所の、行動・比較関門」が急所になることが非常に多い**です。一番多い、と言ってしまって良いと思います。ですので、自社の急所がわからない場合は、まずはここではないか、と仮定して検証していく、という手もあります。

　この典型例がここまで例としてずっと使ってきたウタマロ石けんです。ウタマロ石けんの場合は「試せばわかる」が急所です。これはマインドフローでは「行動」から「比較」関門です。

実際、お客様と「接触」してサンプルを渡しています。

　「試す」ことの意味は２つあります。

　１つは、実際にお使いいただくことで使うイメージをお客様にご実感いただく、ということです。
　これはマインドフローの「行動」関門ですね。

　もう１つは、競合との「違い」、すなわち競合の商品・サービスと何がどう違って、どう良いのか、というのをご実感いただく、ということです。
　これはマインドフローの「比較」関門です。

　ウタマロ石けんの場合もそうでした。
　石けんを実際に使ってみて使い方・使い心地がわかるということが１つ。それから、他の石けん・洗剤という「競合」では落ちなかった汚れが実際に落ちることを体感することで、「強み」を実感する、というのがもう１つ。あわせて２つの効果があります。
　そしてそのときに「あなたから買いたい」が生まれるわけです。

▍「試せばわかる」ときの「追うべき指標」

　「試せばわかる」が急所となっているときのＫＰＩは、「お客様に試してもらった数」です。

「試せばわかる」が急所だということは、お客様に試してもらえれば良さがわかっていただけ、それが「買いたい」（＝売上）につながるということです。

ですから、「試してもらった数」と「売上」は比例関係になるはずです。ならなければ、それは「急所」ではないか、または他に何か重要な要因があるということになります。

・**急所**：試せばわかる
・**買いたいを作る行動**：試していただく
・**行動量指標（ＫＰＩ）**：サンプルを配布した顧客ターゲットの人数
・**反応量指標（ＫＰＩ）**：サンプルを試し、汚れ落ちを実感した人の数

顧客ターゲットの手に製品サンプルが渡り、お客様に「試していただく」ことでお客様はウタマロ石けんの「強み」を実感し、お店に買いに走るわけです。

ここで重要なのが、**「顧客ターゲットに」**届けた・渡した数、ということです。「泥汚れを落とす」というニーズがない方に配っても「買いたい」は作れません。

行動量指標を単に「サンプルを配布した数」としてしまうと、「誰にでも配っていい」となってしまいます。そうではなく、あくまで**顧客ターゲットに配った数**、とするべきです。

ウタマロ石けんの場合は、「反応量指標」ではなく、「行動量指標」をＫＰＩとしてしまって良いと思います。以前にも申し上げましたが、顧客ターゲット（＝「子どもの靴下の泥汚れに

悩む親」）にサンプルが届けば、まず「使われる」と想定してしまって良いからです。

　ここで、「配布イベントの開催数」をＫＰＩとする手もあります。とは言え、「誰もこない配布イベント」を何回やっても意味がありませんから、最終的にはやはり「サンプルを配布した顧客ターゲットの人数」が最適なＫＰＩになります。

　「配布イベントの開催数」をＫＰＩとする場合は、

● 「配った総数」＝イベント開催回数 × １回あたり配布人数

となります。

　「イベント開催回数」と「１回あたり配布人数」の両方（あるいは、どちらか）を増やすことで「配った総数」を増やしていくというのがウタマロ石けんの「買いたいを作る行動」になるかと思います。

┃「出雲フォルテ」：
　食べればわかるブロッコリーのおいしさ

　「試せばわかる」が急所になっている事例は多くあります。
　例えば「食品」では、「食べればわかる」ということが急所になっていることが少なからずあります。本当においしいお菓子であれば、「食べればわかる」ことになります。そうであれば「試食」の機会を増やせば売れる、ということになります。
　ですから、お菓子などでは「試食コーナー」を設けるわけですね。**試食しても売れない、という場合は、残念ながら「食べ**

ればわかる」というほどおいしいわけでもない、ということに
なります。

　JAしまね（松江市）で「出雲フォルテ」という高価格で売
れるブロッコリーの新品種を栽培しています。

『今シーズンは1月中旬頃までで1万〜1万5千個の出荷を見込み、
従来品種の平均単価より5割程度高値で取引しています』（JAしま
ねホームページ*）
　＊ https://ja-shimane.jp/izumo/2019/12/2196/

　このブロッコリーは店頭でも人気になっています。

『東京都渋谷区の渋谷駅近くの商業施設にある「渋谷　東急フード
ショー」の青果店、林フルーツでは今シーズンから本格的に販売し
ている。店頭価格は1個430円程度と普通のブロッコリーより100
円高いが、「リピート購入が多く、開店時に山のように積んでもそ
の日のうちに売り切れる」（店舗の担当者）』（2022/01/31、日経
MJ、12ページ）

　人気の秘密は2つあります。1つは、健康効果です。

『抗酸化作用、解毒作用があるといわれる「スルフォラファン」の
含有量が従来のブロッコリーの2.5〜3倍（収穫時）』（JAしまねホー
ムページ）

　もう1つは、味です。先ほどのブロッコリーが売り切れる店

が採用した理由が書かれていました。

『同店を運営するハヤシフルーツ（東京・渋谷）の仕入れ担当者は「蒸し調理後数日しても味や歯触りなど食味の良さが変わらなかった」と採用の理由を話す』（2022/01/31、日経MJ、12ページ）

ただ、「味」を「言葉」などで伝え切るのは難しいですから、JAしまねはスーパーなどにどのように営業しているかというと……、

『「売り場では大きく花蕾がきめ細かいブロッコリーが好まれるため当初は話を聞いてもらえないこともあったが、一度試食してもらうと採用が決まるケースが多い」（JAしまねで営業を担当する大野剛氏)』（2022/01/31、日経MJ、12ページ）

『一度試食してもらうと採用が決まるケースが多い』というのは、まさに「食べればわかる」ということですね。これが「急所」です。

「急所」が「食べればわかる」であれば、「買いたいを作る行動」は当然「食べていただく」となります。そこで、試食を勧めるわけです。

「試食」でお客様の反応がガラリと変わる、ということは、実際に食べることで「これを買いたい」が作れている、ということになります。

色々な「試せばわかる」

「試せばわかる」には、色々なやり方があります。

B to Bでも、よくあります。例えば、工場で使うような生産機械や測定機器などでも「試せばわかる」ときは、お客様に試していただく機会を作ります。

例えば、顧客企業の会議室を1日借りて、そこで「自社の機械のデモンストレーションをする日」を作ったりする会社もあります。

また、車に積めるような機械であれば、ライトバンのような車を1台準備し、「デモ用のキャラバンカー」を作ればいいですね。それでお客様のところに車で行って、駐車場でデモンストレーションをする、などのことをやっている会社もあります。

それも難しければ、VR（Virtual Reality）で「バーチャルに試していただく」というようなこともできます。2023年現在、不動産や家具ではVRが急速に進んでいます。

家具なども実際に「家で試してみたい」というニーズはありますが、実際に「家で試す」ことは難しいです。そこでVRで「試していただく」わけです。不動産も「VRで物件を内見・内覧いただく」のは同様の理由ですね。

「試せばわかる」というのはハードルが高いように見えて、知恵次第で色々とできるものです。

いえ、むしろ、そのような「知恵を絞る」ことが大事なので

す。そうすれば、自社だけがお客様の「急所」に刺すことができるからです。

見ればわかる：百聞は一見にしかず

次に、「見ればわかる」という急所です。まさに「百聞は一見にしかず」です。

使い方が想起しにくい商品などがそれに当たります。

柔らかい素材でできている、「曲がるまな板」という商品がいくつか出て、話題になっています。私は、薄いプラスチックのような素材でできているものを使っています。まな板の上において、その上で野菜を切ったりします。

「曲がるまな板」の便利さ：見ればわかる

最初は何がいいのかさっぱりわかりませんでした。「普通の硬いまな板で間に合うのでは？」と思っていました。

　が……、使い方の画像を「見た」瞬間に、一瞬でその便利さを理解しました。曲がるまな板の上で野菜を切り、まな板を持ってそのまま鍋やフライパンに切った野菜を投入できるんです。その「画像」を見た瞬間に、「欲しい！　買いたい！」と思いました。

　硬いまな板でやると、切った野菜がまな板からこぼれます。「曲がるまな板」でやれば、まな板がＵ字型に曲げられて切った野菜がこぼれないのです。

　このような「強み」を言葉で説明してもわかりにくいものでも、「見せる」ことですぐに「これ買いたい！」と思います。私も、家族も、今ではその曲がるまな板を毎日使っています。

　また、「構造的な優位性・特徴」があるもので、その「構造的な優位性・特徴」を「見ればわかる」というようなものもあります。

　ある電気設備の実話を少し改変して紹介します。

　自社の設備は、他社の設備よりもメンテナンスが簡単というのが「強み」でした。なぜ簡単かというと、そのような設計になっているからです。

　と言われてもよくわかりませんよね。これは、次のような説明の図を「見ればわかる」のです。

設備の交換のしやすさ：見ればわかる

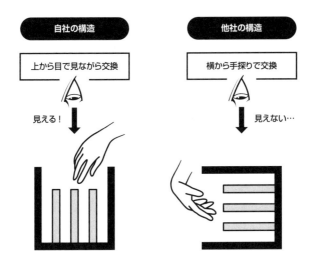

　この図のグレーの部分が、頻繁にメンテナンスや取り替えが必要になる部品です。自社製品は、お客様が目で見ながら交換できますから早いですし、新人でもできるような構造になっています。しかし他社のものでは交換部が目で見えませんので、手探りでやることになります。経験が必要になりますし、効率も悪いです。

　そのことが、この図を「見ればわかる」のです。

　「メンテナンスのしやすさ」が重要な装置であれば、カタログやパンフレットで、このような見せ方で伝え切ると、それで「あなたから買いたい」を作れる可能性が一気に高まります。

- **急所**：見ればわかる
- **買いたいを作る行動**：見ていただく
- **行動量指標（ＫＰＩ）**：競合との構造の違いがわかる図や動画などをカタログ、ＨＰなどで訴求する。営業担当もそれをお客様に重点的に伝え切る
- **反応量指標（ＫＰＩ）**：競合との構造の違いがわかる図や動画を見て、「これは良い！　欲しい！」と思う顧客ターゲットの数

「見ればわかる」のですから、見せた分だけ受注が増えていくはずです。そうでなければ、お客様に刺さらないわけですから、残念ながらそれは「急所」ではなかった、ということになります。

「強み」をわかりやすく伝え切る工夫：ソニーのハイビジョンビデオカメラ

「見ればわかる」、すなわち「見ることで強みがすぐに伝わるようにする」という工夫をした典型的な事例をここで紹介します。

ソニーのハイビジョンビデオカメラの事例です。2006年と少し前の事例ではありますが、考え方自体は普遍的に使えるものです。

2006年3〜5月当時の家電量販店のPOSデータで、トップに立ったのがソニーの製品です。

『民間調査会社のBCN（東京・文京）が全国の家電量販店約二千二

百店から集めた三一五月の三カ月間のPOS (販売時点情報管理) データを基に、売れ筋ランキングを作成した』『ソニーの「HDR―HC3」が並み居るライバルを抑えてランキング首位に立ったのは、「高画質」を追求したことにある』『通常のビデオカメラの約四・五倍の高精細な映像を録画できる計算だ』(2006/06/30、日経MJ、3ページ)

　当時は「ハイビジョン」画質が最新性能で、ソニーは『四・五倍の高精細な映像』を導入したビデオカメラを出しました。さすがソニーですね。

　が……、これは言葉では伝わりません。そこでソニーはどうしたかというと……、「見ればわかる」を実行しました。

『店頭実勢価格は高額だが、それでも売り上げを伸ばしているのは、高画質を店頭で十分にアピールしているからだ。その武器が「感動チェンジ台」と呼ぶ専用の販促機器だ。通常の販促機材の十倍以上、一億円以上を投入した』『ぬいぐるみなどの被写体をハイビジョンのカメラと従来のカメラの二つで同時に撮影し、片方の映像をディスプレーに映し出す。顧客が販促台のボタンを押すと、ハイビジョンで撮影した映像と従来カメラで撮影した映像がリアルタイムで切り替わる仕組みだ。ハイビジョンの画質の鮮明さが一目で実感できる』『全国の家電量販店千店舗に設置している』(2006/06/30、日経MJ、3ページ)

　家電量販店の店頭で、ハイビジョンの新機種と、そうでない旧機種をパッパッと切り替えることで「一目で違いがわかる」ようにしたのです。

この「見ればわかる」仕掛けには『通常の販促機材の十倍以上、一億円以上を投入』しました。「強みを作る」ことだけではなく、「強みを魅せる」ことにお金をかけたんです。

なぜなら、それが「急所」であろうからですね。

そして、ＫＰＩ（行動量指標）はその販促機器の設置台数になるでしょう。『全国の家電量販店千店舗に設置』することで、多くの人に違いが「見ればわかる」ように伝えられました。

すると、ハイビジョン画質の『四・五倍の高精細な映像』が「見ればわかる」わけですね。それを見れば「これを買いたい」と思うわけです。結果として、ビデオカメラの売れ筋トップとなったのです。

「見ればわかる」ような「強み」のある製品の販促の王道と言える見事な事例です。

▎工場見学で「見ればわかる」

「見ればわかる」の応用バージョンとして、「工場見学」というものもあります。

ある食品メーカーの営業の方がおっしゃるには、バイヤーさんに自社の工場見学にいらしていただくと、自社商品の採用率が劇的に高まるとのことでした。「工場見学」が「急所」になっているわけです。

工場見学に来たからといって、商品が変わるわけではありません。味も変わりません。しかし、しっかりやっている工場で

あれば、原料の管理方法、製造方法、在庫の管理方法、品質管理のやり方などを「目で見る」ことができます。「百聞は一見にしかず」で、信頼度が一気に高まるわけですね。

「きちんとやってます」と口で言うだけでなく、実際にその目で見てもらう、ということは大事ですね。

この場合のＫＰＩは、行動量指標である「工場見学にいらしていただくための提案の量」か、反応量指標である「工場見学にいらしたバイヤーの数」でしょう。「工場見学にいらしたバイヤーの数」は簡単に追うことができます。

行動量を増やす、と言う意味では行動量を追った方が、成果が上がりそうですね。

> ・**急所**：工場を見ればわかる
> ・**買いたいを作る行動**：工場にいらしていただき、見学していただく
> ・**行動量指標（ＫＰＩ）**：工場見学にいらしていただくための提案の量
> ・**反応量指標（ＫＰＩ）**：工場見学にいらして自社の製法をきちんと理解してくださったバイヤーの数

「強みを伝え切る」系の場合の指標のポイント

ここまで見てきた、「強みを伝え切る」系の急所におけるＫＰＩの設定でポイントとなるのは、自社の強みがきちんと伝わった「総量」です。

多くの場合でそれはＫＰＩとなり、

●強みが伝わった総量＝　伝えた人の数（＝量）　×　伝わった情報の深さ（＝質）

という、「量×質」で表されます。下図をご覧ください。

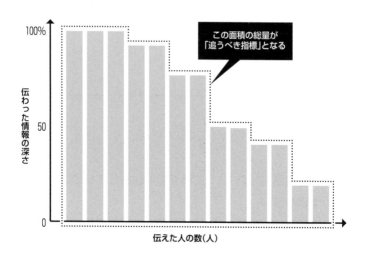

「伝わった強み」の計算イメージ

この図のタテ×ヨコの総面積（＝伝わった量）が増えるほどに、お客様の「あなたから買いたい」が作られていきます。

順序としては、まずは「質」（＝情報の深さ）が大事です。「これ買いたい！」と思っていただけるような伝え方・情報提供ができていなければ、「数」を増やしてもしょうがありません。

ウタマロ石けんの場合は、目の前で実演する、そしてサンプルを渡して使っていただく、という方法で「伝わった情報の深さ」は確保できています。

そして「質」が確保できたら——すなわち、伝えれば「これ買いたい！」と思っていただけるようなコミュニケーションができるようになったら——、その「人数」を増やしていく、ということになります。

強みを作る系の「急所」と その指標： 比較関門編

強みをゼロから作ったクラゲ水族館

ここまでは、「強みを伝え切る」系の急所について見てきました。ここからは、「強みを作る・強化する」系の急所について見ていきます。

「強みを作る・強化する」とは、要は「差別化する」ということです。それ自体の方法については、マーケティングや商品開発系の良書が多く出ていますのでそちらに譲ります。

本書はマーケティングや営業のＫＰＩを考える本ですので、強みを作る・強化する際の「急所」やＫＰＩの考え方としてわかりやすい事例を紹介します。

「強みを作る」ことが急所になる場合のＫＰＩは、「強みを作った量」です。

この典型的なパターンが第３章で見てきた「クラゲ水族館」です。

クラゲ水族館の資料（『クラゲに取り憑かれた水族館　15年間の取り組み』鶴岡市立加茂水族館）から、起きたことを抜粋・

引用してまいります。

■1997年：入館者数9万2183人
『4月、特別展示室にて『生きたサンゴと珊瑚礁の魚展』を行った際、サンゴの根元に「サカサクラゲ」のポリプが付着していて、稚クラゲが発生し始めた』『6〜7月、生育した「サカサクラゲ」を展示したところ、意外な人気を受けることになる。お客様はほかの水槽で見せる反応とは違う歓声をあげて大喜びした』

■1999年：入館者数9万9503人
『また1年間の努力の結果、年末には8種のクラゲを展示できた』『前年より入館者が約5,400人増加、"クラゲ展示効果"がはっきり現れる』

■2000年：入館者数10万6072人
『4月中旬、15種の展示をし、『江ノ島水族館』をぬいて日本一になる』

■2005年：入館者数17万3733人
『3月19日、クラゲの展示数20種類となり、全面改装。世界一展示種類数が多い『クラネタリウム』に向け、リニューアルオープン』

　このように、**クラゲの展示種数と入館者数が見事に比例している**ことがわかります。**クラゲの展示種数を増やすほどに、お客様が喜び、入館者数が増えている**のです。

　これがクラゲ水族館が見つけた「急所」です。

- **急所**：クラゲの展示種数を増やせば入館者が増える
- **買いたいを作る行動**：クラゲの展示種数を増やす
- **行動量指標（ＫＰＩ）**：クラゲを増やすための一連の行動
  （水槽を増やす、新しいクラゲを繁殖させるノウハウを学
  ぶ、など）に費やした時間（人日）など
- **反応量指標（ＫＰＩ）**：クラゲを増やして喜んでいただい
  た方の数

　この場合は、クラゲを増やせば入館者が増える、ということ
を確認できていますので、行動量指標を追えば良さそうですね。

　ここでのポイントは、クラゲが「強み」になるという「仮説」
を発見した時点で、『お客様はほかの水槽で見せる反応とは違
う歓声をあげて大喜びした』と、**「強み」がもたらす顧客価値
の検証ができていた**ところです。
　この「反応」を見ていたがゆえに、『クラゲを増やせば入館
者が増える』という「急所」の確信を得られたのでしょう。ク
ラゲの展示種数を増やすほどに、お客様の「クラゲ水族館に行
きたい！」が高まるわけです。

　この事例では、「クラゲの展示種数を増やせば入館者が増え
る」という「急所」を見つけたことで、水族館が持つほとんど
のエネルギーを「クラゲを増やす」ことに向けられるようになっ
たことが成功要因の１つになっています。
　もし、「クラゲも、オットセイも、イルカも、ペンギンも」
とエネルギーを拡散していたら、クラゲ水族館の隆盛はなかっ
たでしょう。

お客様に刺さる「急所」を確認し、その急所に自社のエネルギーを集中させていくことで、勝てるようになるわけです。

そして、その「エネルギーを集中させる」ために必要なのが、目標としての「行動量指標」になります。

鉄道の選び方が変わったから、それに合わせた強みを作る

次は、大阪〜京都を結ぶ関西の私鉄「京阪電鉄」の事例です。当時の加藤好文社長（現・代表取締役会長）のインタビューが日経MJに掲載されていました。

『鉄道に乗る際に利用者はスマホの乗り換えサイトを利用します。いくら沿線の良さをアピールしても大半の方はサイトの上に表示された時間が早いほうに乗ってしまう』『鉄道を選ぶ最大のポイントはサイトで上位に表示されることになりつつある』『だから1分でも2分でも速くしようと努力しています』(2015/10/19、日経MJ、3ページ)

これは、鉄道の選び方が「スマホ」に変わりつつあった2015年当時の極めて的確なコメントかと思います。読者のあなたも、乗る電車は「スマホのアプリ」で上の方に表示されたものから選びますよね。

スマホアプリがなかったときを思い出していただくと、路線図などを見て乗り換えが少ないものを選んだりしていたのだと思いますが、その「選び方」（＝「買いたい」の作られ方）が変わったんです。

大阪〜京都間は関西の大動脈であるだけに京阪電鉄、JR、阪急電鉄などの各社が競合しています。選択肢が多くある中でどの路線や電車を選ぶか、というときに『鉄道を選ぶ最大のポイントはサイトで上位に表示されること』になりました。その結果、『1分でも2分でも速く』着く、ということが「急所」になったわけです。

- **急所**：乗り換えサイトの順位で上に来れば、選んでもらえる
- **買いたいを作る行動**：乗り換えサイトの順位で上に来る
- **行動量指標（ＫＰＩ）**：『1分でも2分でも速く』着くようにする努力
- **反応量指標（ＫＰＩ）**：乗り換えアプリ内での検索順位

　ここで、「強み」が単に「速い」ことではないことにご注意ください。単に「速い」だけだと、何をもって「速い」とするかが具体化されていません。

　この場合は、「乗り換えアプリ内での検索順位」という、非常に具体的な表現になっています。これがまさにお客様の「選ぶ理由」＝「あなたから買いたい理由」になっているのです。**「速い」という具体性のない表現を、「乗り換えアプリ内での検索順位」と具体化することで、急所が明確になる**わけです。

　このコメントの後、2019年3月期までの京阪電鉄の成績は実際少しずつ伸びました（それ以降は新型コロナウイルスによ

り状況が激変しましたので、参考にならないと思います）。その要因まではわかりませんでしたが、この努力が実を結んだのかもしれません。

●京阪電気鉄道の運輸成績*
2017年3月：511億6000万円
2018年3月：518億2000万円
2019年3月：520億5400万円

＊ https://www.keihan-holdings.co.jp/ir/library/pdf/2018-05-09_kessan-
hosoku.pdf（2018年3月期　決算補足資料）
＊ https://www.keihan-holdings.co.jp/ir/library/pdf/2019-05-09_kessan-
hosoku.pdf（2019年3月期　決算補足資料）

この事例でも、自社のエネルギーを集中すべきは『1分でも2分でも速く』着くようにすることです。『いくら沿線の良さをアピールしても大半の方はサイトの上に表示された時間が早いほうに乗ってしまう』のであれば、『沿線の良さをアピール』することは「適切な努力」とはならないわけですね。

残念ではあるでしょうが、お客様の選び方（＝「買いたい」の作られ方）がそうなってしまった以上、それにあった「買いたい作り」（＝「強み」作り）で対応するしかありません。

なお、この「乗り換えアプリ」での上位表示を狙う、という「急所」は、まさに第4章のマインドフローを使った「急所の探し方」でいうところの、「お客様の頻出ルート」を調べる、という例となります。乗り換えアプリは、多くの人が電車を選ぶ（＝「あなたから買いたい」を決める）ときに使う「頻出ルート」が「急所」となった、という事例でもあります。

リンクルショット：
史上初のシワ改善薬用化粧品

　2017年1月、化粧品で衝撃的なメッセージが、ポーラから出てきました。

『日本で唯一、シワを改善する薬用化粧品（美容液）『リンクルショット メディカル セラム』誕生』『史上初の「シワを改善する薬用化粧品」』（2016/11/17、ポーラニュースリリース*）*

> ＊ https://www.pola.co.jp/about/news/2016/htt31r00000016v5-att/po20161117.pdf

　「リンクルショット メディカル セラム」という、日本初、その時点では日本で唯一の「シワを改善する」薬用化粧品が上市されたのです。

　ポーラはこの「リンクルショット メディカル セラム」を大々的にアピール。ターミナル駅に貼られたポスターなどの広告がすごく目立っていた記憶があります。

　特に訴求していたのが「日本初」「日本で唯一」というような表現です。どのように「日本初」かというのが、先ほどのニュースリリースに掲載されていますので、それを参考にしながらまとめます。

　「化粧品」では「乾燥による小ジワを目立たなくする」という表記はありました。また、「医療」では「シワを治す」ということも言えました。

　しかし、「薬用化粧品（医薬部外品）」としては初めて、「シ

ワを改善する」という表記が認められたのです。「ニールワン」というシワ改善医薬部外品有効成分として認められた成分を配合しています。

　顔のシワは、やはり女性にとっては気になるものでしょう。20ｇで１万5000円（税抜、2018年に１万3500円に価格改定）というかなりの高価格帯の商品ですが、爆発的な人気になりました。

『2017年９月までの累計実績は約80万個、約112億円』『そのうち約25％が新規購入のお客様であり、ポーラブランドの接点拡大に寄与しています』（2017/12/1、ポーラニュースリリース＊）

　＊ https://www.pola.co.jp/about/news/2017/cm0ktq0000000oqt-att/po20171201_4.pdf

　４分の１のお客様が新規顧客、ということはやはりこのメッセージが刺さったのでしょうね。見た瞬間にお客様が「これ、買いたい！」と思ったのでしょう。

　リンクルショットの「日本初」を可能にしたのが、ポーラの独自資源である技術開発力、そしてそれを支える人材やスキルです。

　シワ改善メカニズムの発見までに15年かかったそうです。

『15年かかりました。「シワを改善する薬用化粧品」を世に送り出すまでに。私たちはまず、シワのメカニズムを一から研究し直しました。そして世界初のシワ改善メカニズムを発見』（2016/11/17、ポーラニュースリリース）

そしてついに、「ニールワン」という成分が、シワ改善医薬部外品有効成分として認められたのです。

　この開発過程を戦略BASiCSで解析してみます。

- 独自資源：シワのメカニズムを研究し、「ニールワン」という有効成分を開発したというポーラの技術開発力とその人材
- 強み：『史上初の「シワを改善する薬用化粧品」』
- メッセージ：『史上初の「シワを改善する薬用化粧品」』

となりますね。**「強み」と「メッセージ」が等しくなる、というのは戦略の一貫性がある、良いサイン**です。まさに「強み」を新たに作った事例です。

　ただ、**本当の急所は「史上初」「日本で唯一」と言えたメッセージ、すなわち「伝え方」にある**と思います。これが、競合が先に出していたらここまでの成功にはならなかったでしょう。

　「史上初」だからこそ様々なメディアにも取り上げられ、一気に話題になったんです。

　その意味では、この事例は「強みを伝え切る系の急所」に分類されてもおかしくはありません。「史上初」という「インパクトのある認知」が急所、ということです。

　ただ、この「史上初」という「新しい強み」がなければ、強みを伝え切ることができませんので、その「インパクトのある認知」という「急所」を狙って、製品的な強みを作った、ということになりますね。

この場合の急所とKPIは以下のようになるでしょう。

・**急所**：史上初の「シワを改善する薬用化粧品」と言える
・**買いたいを作る行動**：「史上初」と言えるよう、開発を急ぐ
・**行動量指標（KPI）**：シワを改善する薬用化粧品の進捗
・**反応量指標（KPI）**：「史上初」のシワを改善する薬用化粧品に驚く人の数

「史上初」という「インパクトのある認知」のメッセージを出せるように、開発を急ぐということですね。

開発型の強み（＝あなたから買いたい）の作り方としてわかりやすい事例かと思います。

「急所」はマインドフローのどこかにある

ここまで「マインドフロー」を使いながら、「急所」のパターンを紹介してきました。

●認知・興味関門：知ればわかる、「そうだ　京都、行こう。」
●行動・比較関門：見ればわかる、試せばわかる、など
●比較関門：クラゲ水族館、京阪電鉄、リンクルショットなど

急所のパターンも、マインドフロー上のどこかにあったこと

がわかります。マインドフローを丁寧に追っていけば、急所にたどり着きやすくなります。

　本章で紹介した急所のパターン、それに戦略BASiCSやマインドフローを考え合わせながら、ぜひ自社や自社商品・サービスの「急所」をお考えになってみてください！

　それでもわからなければ、急所をご存じなのは「お客様」ですから、ぜひお客様に聞いてみましょう！

「急所」とKPIで
戦略を回せば、
売上も利益も上がる！

第  章

戦略実行サイクルを「回す」と売上も利益も上がる

戦略を「回す」：
急所を行動に落とし込み、売上に変える

　ついに最後の章まで来ました。ここまでお読みいただき、ありがとうございます。ここまでの内容をまとめてみます。

　第1章では、「売上」を決めるのはお客様の「あなたから買いたい」だから、売上を上げるためには「あなたから買いたい」を作るべき、ということを見てきました。

　第2章では、売上を決めるのは「あなたから買いたい」だから、売上を追うのではなく、「あなたから買いたい」を作るような指標をKPIにする、ということを見てきました。そして、その具体的な方法論としての「急所」の考え方を見てきました。

　第3章では、「急所」とは戦略を徹底的に具体化したものであること、そして、その「戦略」の考え方である戦略BASiCSを見てきました。

　第4章では、「急所」はお客様が「あなたから買いたい」と思う意思決定プロセスのどこかにあること、そして、その意思

決定プロセスであるマインドフローについて見てきました。

　第5章では、「急所」のパターンと、急所が決める「追うべき指標」（KPI）について見てきました。

　そして本章では、総まとめとして、「戦略を回す」、すなわち「追うべき指標」としてのKPIを追いかけることで、「戦略を実行し、改善し、効果を高めていく」ということについて見ていくことにしましょう。

　KPIは、それ自体が重要なのではなく、それを使って成果を上げていく、改善していくことが目的です。

■「過去の売上」ではなく「未来」の指標を追う「戦略実行プロセス」

　本書のテーマの1つが、「売上」ではなく、「追うべき指標」すなわちKPIを追う、ということです。

　ゴールとしての「売上」は組織として重要な指標です。

　ただ、売上はあくまで「過去」の指標です。去年の売上をいくら追いかけても、去年の売上はもちろんのこと、今年の売上も上がりません。

　「これから」売上を上げたいなら、お客様の「買いたい」を作るしかありません。ですから、「追うべき指標」は「買いたいを作った自社の行動量」か「買いたいと思ったお客様の反応量」です。これがKPIとなります。

　その意味で「追うべき指標」は未来指標であり、「これから

の数字（売上）を作る指標」です。

　つまり、「追うべき指標」すなわちＫＰＩを追う、ということとは「未来」を追うことなのです。

　ウタマロ石けんの例がわかりやすいと思いますが、例えば、現在上半期が終わったばかりだとします。上半期の数字が目標を達成できなかったとして、上半期の数字をいくら数えても、上半期の数字を上げることはもはやできません。

　これから迎える下半期の数字を上げるためには、「買いたい」を作る「行動量」を増やせば良いのです。ウタマロ石けんの場合は、「サンプルを配布した顧客ターゲットの人数」を増やせば、必然的に下半期の売上は上がります。

　その意味でも組織として追うべきは、「売上」ではなく「追うべき指標」である「自社の行動量」か「お客様の反応量」というＫＰＩなのです。

　「過去の売上」を増やすことは不可能です。それよりも、「未来の指標」であるＫＰＩを追いかけませんか？

　そして、それが「戦略を考えて実行していく」ということにほかなりません。

　ここで、あらためて第３章の冒頭で見てきた「戦略実行プロセス」に戻りましょう。「戦略実行プロセス」とは、

　●戦略→行動→急所→買いたい→売上

という流れを作りながら、「戦略」を実行し、お客様の「買いたい」を作り、「売上」に変えていくことでした。これは、1回で終わるようなプロセスではありません。試行錯誤を繰り返しながら、改善を重ねていくものです。

　このような「戦略」を「行動」に変え、実行しながらお客様の「反応」や最終成果としての「売上」を確認しながら改善し、戦略を練り直し続けていくサイクルを「戦略実行サイクル」と呼ぶことにしましょう。**「戦略実行プロセス」を実行しながら改善し続けていくのが「戦略実行サイクル」**です。

　やってみてうまくいかなければ改善し、戦略を練り直す、という「戦略実行サイクルを回し続ける」ことで、さらに成果が上がるようになっていきます。

戦略実行サイクルを回す

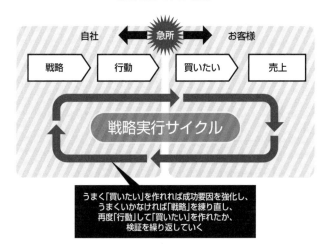

自社　　急所　　お客様

| 戦略 | 行動 | 買いたい | 売上 |

戦略実行サイクル

うまく「買いたい」を作れれば成功要因を強化し、
うまくいかなければ「戦略」を練り直し、
再度「行動」して「買いたい」を作れたか、
検証を繰り返していく

例えば、「急所」についての仮説を設定したら、それが本当に急所なのかどうか（＝お客様の「買いたい」を生み出せるかどうか）をやってみて確かめる、ということになります。残念ながら急所ではなさそうだ、となったら、「戦略」「行動」をチェックする、お客様にヒアリングする、などをしながら、また「急所の仮説」を練り直していきます。

　首尾良く本当に急所であって、成果が出たとしても、さらにうまくいく方法（「行動」）を試したりしていきます。
　このような「戦略実行サイクルを回す」ことで、さらに効果を高めていくわけです。PDCAサイクルなどの「仮説検証サイクル」を回すのと同じようなことです。

戦略実行サイクルを回している企業は、売上も利益も増加率が高い

　このような戦略実行サイクルを回すことのメリットは何でしょうか？　それは純粋に経営的な成果につながる、ということです。

　2020年版の『小規模企業白書』の第3部・第2章*に、非常に興味深いデータがありました。

　＊ https://www.chusho.meti.go.jp/pamflet/hakusyo/2020/shokibo/
　　b3_2_1.html

　「経営課題への取組」という表現になっていますが、現状把握（自社の強み・弱みなどの把握）、計画策定（数値目標、具

体的な行動方針、計画など）、計画運用（実績評価と計画の見直しなど）ができている会社とそうでない会社の成果の差を調べたデータです。

つまりは、戦略実行サイクルを回せている会社とそうでない会社で、成果に差があるのかを調べたありがたいデータです。

調査したのは、売上高が「大幅増加」または「増加」、と回答した企業の割合です。

- 現状把握が十分と評価している：49.7%
- 現状把握が十分と評価していない：36.0%

- 計画内容が十分と評価している：51.6%
- 計画内容が十分と評価していない：41.7%

- 計画運用が十分と評価している：57.4%
- 計画運用が十分と評価していない：39.9%

ご覧の通り、3項目全てにおいて「十分と評価している」企業は、そうでない企業よりも、売上高が「大幅増加」または「増加」と回答した割合が約10〜18ポイント高くなっていることがわかります。

これは、現状把握→計画策定→計画運用という**「戦略を回す」ことができている会社は、そうでない会社よりも売上が増加している、**という事実を示しています。

この調査では同様に経常利益についても調べていますが、売上高とほぼ同じ結果になっています。

つまり、**戦略実行サイクルをきちんと回せている企業は、事実として、売上でも利益でも、その増加率が高い**のです。これは極めて重要な事実です。

　これらのデータから導かれる結論は、

● 「戦略実行サイクルを回す」ことは、売上や利益向上に直結する

ということです。

　当たり前の結果とも言えますが、それがこのように数字で証明されたことの意義は大きいと思います。

戦略実行サイクルが回っていないという現実

　一方、多くの企業で戦略実行サイクルが回っていない、という現実もあります。

　私が経営者や営業マネージャーなどの方々（130名）に対して行ったアンケートでは、**57%の方が「指標（数字）自体は管理できているが、改善にはつながっていない」**とご回答されました。

　経営層にヒアリングしてみますと、売上目標を立て、月別・地域別・人別に落とし込むことまではできていても、売上を追っているだけで、結局何も改善されていない、という声をとてもよく聞きます。

つまり、「今年は達成できた、万歳」か「達成できなかった、残念」、そして結局は「じゃあ来年も頑張ろう、エイエイオー」の繰り返し、ということです。

「今の成果」は、「今のやり方」の結果です。「今のやり方」が「今の成果」を生み出しています。

ですから、「今と違う成果」を出すには「今と違うやり方」にするしかありません。「今と同じこと」をしていては、「今と違う成果」は生み出せません。

戦略実行サイクルが回っていないなら、回していくにはどうすれば良いかを考えていくことになります。

ではここからは、どのように「戦略実行サイクル」を回していけば良いのか、について見ていきましょう。

2
戦略実行サイクルを回す
「せ・す・じ・評価」

急所→売上、となることを確認しよう

戦略実行サイクルを回す最初のステップとして、まずは、「急所」が本当に「急所」であることを再確認しましょう。

「急所」が本当に「急所」であれば、「買いたいを作る行動」をとることでお客様の「買いたい」という「反応」を得られます。そして、お客様は「買う」という行動を起こし、「売上」が上がるはずです。

短期的・長期的に売上が上がらなければ、それは「急所」ではない可能性がありますので、再度「急所」を確認する必要があります。

「急所」という考え方のメリットの１つは、「今やっていることが本当に成果につながっているのか」ということを検証しやすくなることです。何となく惰性でやっていると、何が成果につながって、何が成果につながらないのかがわかりません。

「買いたい」を作れていたとしても、「買えない」という「障害」がある場合もあります。

　例えば、ウタマロ石けんの「急所」は「試せばわかる」でした。サンプルを配っても試してもらっても売上が上がらない理由として考えられるのは、例えば「お店に置いていない」という「買えない障害」があるのかもしれません。お客様の「あなたから買いたい」は作れているのにお店で買えない、ということです。その場合には、お店に置いてもらえるようにドラッグストアやスーパー各社と商談を進める必要がありますね。

戦略実行サイクル：せ・す・じ・評価

　では、「戦略実行サイクル」の回し方について考えていきましょう。私がお勧めする「戦略実行サイクル」は「せ・す・じ・評価」です。

せ・す・じ・評価

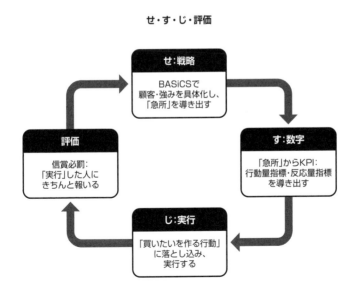

●せ：戦略→す：数字→じ：実行→評価

の4つで「せ・す・じ・評価」です。

　まずは「せ：戦略」です。ここでは顧客や強みを具体化していきます。戦略BASiCSやマインドフローを使いながら、「急所」を考えていきます。

　急所は、「強み」を徹底的に具体化したものです。

　「戦略」を考えたら、さあ「実行」……ではありません。その前に「す：数字」を考えます。戦略を数字に変えるのです。それによって、改善サイクルが回せるようになります。

　数字なき戦略は、改善のしようがありません。「急所」から「追うべき指標」であるKPIを導き出します。KPIは、「行動量指標」と「反応量指標」であることはここまで見てきた通りです。

　次こそ、「じ：実行」です。「急所」に刺さる「買いたいを作る行動」を実行していきます。「急所」が「試せばわかる」という場合、「試していただく」のが「買いたいを作る行動」です。その「行動量」が増えれば、売上は上がるはずです。上がらなければ「試せばわかる」が本当に急所かどうかを再検証します。

　最後が「評価」です。きちんと「実行」した人には高い評価をし、そうでない人にはそれなりの評価をします。「頑張った人が報われる」（＝頑張らなかった人は報われない）というの

が基本原理です。やってもやらなくても同じ評価となる（＝頑張った人がバカを見る）組織では、頑張る人がいなくなります。

　このせ・す・じ・評価で戦略実行サイクルを回していきます。ここからは「せ・す・じ・評価」を使った戦略実行サイクルの「回し方」を考えていきます。

サイクルが回らない理由をつぶし、戦略実行サイクルを回そう

　では、そもそも、なぜ戦略実行サイクルが回らない・回せないのでしょうか？　**回らない原因を突き止め、それを解決すれば戦略実行サイクルが回り始める**、ということになります。

　戦略実行サイクルが回らない・回せない原因について、「せ・す・じ・評価」のサイクルの4つの要素で考えて、その理由を解消し、戦略実行サイクルを回していきましょう。

《1》せ：戦略
——戦略を具体化し、「急所」に落とし込もう

　まずは、「せ・す・じ・評価」の「せ：戦略」の問題です。

　多くの会社が、自社の強みを「高品質」「安心・安全」というような粗っぽい言葉で表現しています。それでは「急所」も「買いたいを作る行動」もわかりませんから、戦略が回り始めることすらありません。

　これについては、ここまで詳細に見てきた通り、「急所」を確認しましょう。

《2》す：数字
——「追うべき指標」を追いかけよう

　次は、「せ・す・じ・評価」の「す：数字」の問題です。

　ここでの問題は、「売上」をＫＰＩにしてしまっていること
です。

　33ページで紹介したように、68％の会社が「売上」を評価
指標にしてしまっています。また、242ページでは57％の方が「指
標（数字）自体は管理できているが、改善にはつながっていな
い」とご回答されたいう数字も紹介しました。

　「売上という数字」は追っているが、改善サイクルを回せて
いない、ということです。

　繰り返しますが、「売上」は、お客様が決めるものであり、
自社がコントロールできないものです。景気動向も含め、「売上」
に影響する要素は無数にあります。

　そんな中で「売上を増やすためにどうするか」と考えても、
結局「オレはこう思う」という声の大きい人の意見で決まるこ
とになるでしょう。もちろん**「声の大きさ」と「意見の正しさ」
は無関係**です。

　「売上」という本来はゴール（ＫＧＩ）である数字を「追う
べき指標」としてのＫＰＩにしてしまうと、「値下げしよう」「ム
リヤリ売り込もう」「とにかく新商品を出そう」とみんなが勝
手に（＝戦略なしに）動く、ということになります。

　これについての解決策は、ここまで見てきた通りです。「急所」
を考え、「行動量指標」「反応量指標」をＫＰＩとして追いかけ
れば良いのです。

　「行動量指標」や「反応量指標」は、非常に具体的な数字です。

「売上」のような粗っぽい数字ではありませんから、改善しやすいです。

　例えばウタマロ石けんでサンプルの配布数が減った場合、その原因もわかりやすいでしょう。例えば、雨が多くて屋外でのイベントが減り配布数が減ったのなら、「雨が降らない場所、例えば、屋内体育館で行うようなスポーツでの配布を増やそう」というような戦略的一貫性のある具体的な施策が考えやすくなります。

　しかし「売上」を追ってしまっていると、一貫性のある具体策はなかなか考えにくくなってしまいます。最悪の場合、値引きに走ってしまいます。値引きは売上を減らす、というデータをコラム（59ページ）で紹介しましたね。

《3》じ：実行 ──「なんで？」「だからどうする？」を問おう

　次は、「せ・す・じ・評価」の「じ：実行」の問題です。
　「じ：実行」は、もちろん「せ：戦略」で考えたことを「実行」するステージです。

　実行するときに重要なのが、実行しながら、

- ●原因分析：「なんで？」
- ●行動改善：「だからどうする？」

という問いを発し続けることです。

戦略実行サイクルを回す上でも、これが最重要ポイントと言って良いと思います。

実際に「実行」してみて、「なんでうまくいったのか」「なんでうまくいかなかったのか」という問いを発し続けるのです。

うまくいったのであれば、「なんでうまくいったのか」という成功要因を考えます。

「買いたい」を作れた要因は何だったのかをあらためて振り返り、それを記録し、蓄積していくのです。それを繰り返していくと、組織のノウハウである「組織知」となります。

その「組織知」を組織全体で共有すれば、組織全体で再現できるということになります。

例えば商品開発では、A商品でうまくいった成功要因を記録・蓄積し、共有することでB商品にも応用できるかもしれません。営業の場合、Aさんがうまくいった成功要因を記録・蓄積し、共有することでBさんも同様の展開ができるかもしれません。いわゆる「ヨコ展開」が可能になります。

反対にうまくいかなかったのであれば、「なんでうまくいかなかったのか」という原因を考えます。そして「だからどうする？」と改善策を考えていきます。

うまくいっても、うまくいかなくても、「なんで？」「だからどうする？」を繰り返しながら改善を積み重ねていくのです。

当たり前と言えばそうなのですが、現状そうなっていない、すなわち「売上という数字を追うだけ」になってしまっている企業も少なくない、ということは調査結果で示した通りです。

「売上という数字を追うだけ」になってしまっている、というのはどういうことか、「営業」で考えるとわかりやすいと思います。営業では、月別・地域別・営業担当者別などに「売上」を割り振って「売上という数字」は追います。

例えば、毎月の営業会議で「先月の売上の数字」を振り返り……、

- 「先月は達成できた。良かったな。引き続き頑張ってくれ」
- 「先月は達成できなかった。残念だ。もっともっと頑張ってくれ」

というような結論で終わります。極端に言えば、「達成できた、万歳！」「達成できなかった、残念」「とにかく、次も頑張れ」で終わる、ということです。

つまりは、「数字」は管理し、追っているものの、

- なんで達成できた？　できなかった？
- だからどうする？

という、「定性的な議論」がないとは言いませんが、かなり薄い、ということです。

極端なように聞こえるかもしれませんが、私は実際、先ほどの調査にご回答いただいた方全員と直接話して、そのような状態になっている会社が多くあることを確認しています。

では、なぜ、「なんで？」と「だからどうする？」を問わない、

あるいは問うても何も起きないのでしょうか？

これは数百人以上の経営者や営業の方と話した経験に基づく仮説ですが、「経営計画」や「営業計画」を作る際の「フォーマット」（様式）の問題ではないかと考えています。

多くの会社の「経営計画」「営業計画」の実際のものを見せていただきましたが、ほとんどがExcel（表計算ソフト）の数字の羅列になっています。グラフがある場合もありますが、基本は全て「数字」を管理しています。

つまり、「数字」は記録に残して管理しても、「なんで？」「だからどうする？」を記録に残して管理していないのです。

この傾向は大企業でも同じです。大企業の「経営企画」部門は、多くの場合「数値の管理」をする部門になってしまっています。多数の部署から出てくる「数値」をExcelで足し上げて経営者に見せる、ということが「経営企画」部門の仕事になっている会社は多くあります。

ほとんどの会社の「経営計画」「営業計画」のフォーマットは数字ばかりで、「なぜ？」「だからどうする？」の記入欄がないんです。

例えば、売上の数字を追っていき、どこかで売上が下がれば「なんで下がってるの？」という疑問は浮かぶはずです。実際、そのようなディスカッションが起きているとも思います。

しかし、それを書くための「記入欄」がないのです。そのため、ディスカッションが起きたとしても、それをメモしたりせず、そのままになってしまっているのではないかと思います。ですから、記録に残りません。すると、いつの間にか忘れられ

る、ということになるわけです。

　つまり、**なぜやっていないか、という理由は「やる習慣がないから」**だと思われます。

　この解決策は単純です。「経営計画」や「営業計画」のフォーマットを見直して、変更すれば良いのです。そして「やる習慣を作る」のです。もちろん習慣作りは大変ですし、時間がかかりますが、それはもうやるしかありません。

　数字が変動しているようなときには、

- 原因分析：なぜこのような数字になっているのか
- 行動改善：だから具体的にどうするのか

ということを書く「記入欄」を作れば良いのです。

　そして、ミーティングなどでは「なんで？」と「だからどうする？」の報告をするようにすれば良いわけです。すぐにできるようにはなりませんので、しつこくやっていくしかないかと思います。習慣化には時間がかかるものです。

　そもそも、経営企画部門などが事業部門から真に集めるべきは「なぜ？」「だからどうする？」という問いに対する答えのはずです。数字を集めることも重要ですが、このような定性的な情報も同等に、あるいはそれ以上に重要だと思います。

《3》じ：実行
——「あれどうなった？」と問おう

　「なんで？」「だからどうする？」という議論はしている、という会社も当然あると思います。それでも「戦略実行サイクルが回らない」という場合、別の問題が起きている可能性があります。

　その「問題」とは、「なんで？」「だからどうする？」という議論はしても、議論をした「だけ」で終わってしまうのです。本来であれば、次のミーティングで、

- 「前のミーティングでやるって言っていた、あれどうなった？」

という**「しつこいフォロー」**が経営者や管理者からされるべきですが、それができていないのです。

　「あれどうなった？」という問いかけがあるということがわかっていれば、「だからどうする？」を実行しないと、次回のミーティングで報告できません。ですから、「だからどうする？」でやると決めたことを実行します。

　しかし、**「あれどうなった？」がなければ、やらなくても何も起きません。怒られることもありません。つまり、「やらなくてもいい」と言われているのと同じ**です。

　となると、「だからどうする？」が実行されず、結局やることは変わりません。すると結局、成果も変わらない、ということになっています。

管理者が「やれ」と言うだけでは不十分です。実際に何をしたか、ということをしつこくフォローしなければ、人は動きません。その意味では管理者の責任は重大です。

ですから、「なんで？」「だからどうする？」を議論して、やるべきことを決めたら、次回のミーティングでは、前回の「だからどうする？」に対して、

● しつこいフォロー：「あれどうなった？」

と、問うようにしましょう。

「来週、『あれどうなった？』に対して報告しなければいけない」という期限が迫ってくれば、今からでも頑張りますよね。私は「テストの一夜漬け効果」と呼んでいますが、「明日テスト」となると、一夜漬けでも頑張りますよね。**たとえ一夜漬けでもやらないよりはやった方がはるかに良い**です。

この「じ：実行」で戦略実行サイクルが回らない原因、そしてその解決方法をまとめます。

● 原因分析：「なんで？」
● 行動改善：「だからどうする？」
● しつこいフォロー：「あれどうなった？」

この３つの問いを発し続けることで、戦略実行サイクルが回り始めます。

《4》評価
——「行動量指標」「反応量指標」を追いかける

「せ・す・じ・評価」の最後、「評価」の部分で起きる問題が、「やってもやらなくても評価は同じ」という評価体系です。

本書はマーケティング戦略の書ですので、「人事評価制度」についての深入りは避けますが、基本原則は「頑張った人が報われる」という評価制度が理想だと考えます。

頑張っても頑張らなくても同じ、という評価制度は頑張った人を「罰している」、つまり「頑張らない方が良いぞ」と会社として言っているのと同じになってしまいます。何らかの形で「頑張った人が報われる」制度が良いと思います。

なお、金銭で報いよう、とは必ずしも言っていません。「報酬」には「みんなの前で褒める」というようなことも含めて、色々なものがあります。自社にあった「評価制度」「報酬体系」をご検討ください。

本書で強調しておきたいのは、何をもって従業員を評価するか、という評価の「基準」であり、「評価項目」です。

現状は、営業の場合は特に、「売上」が評価項目になっていることが多いことを示しました。そして、「売上」で評価することの「デメリット」についても、コラム（56ページ）で紹介いたしました。

「売上」は客観的な数字ですし、それが最終的に組織に対する貢献となりますので、使ってはいけない、とは言いにくいで

すよね。

しかし、**売上以上に大事なのが本当に「買いたいを作れているか」**です。

売上には、どうしても運不運が関わります。

例えば、営業の場合、顧客企業にたまたま補助金で予算がついて、たまたま自社の商品・サービスが選ばれて、いわば「偶然に」大きな売上を取れた、というようなこともあるでしょう。この「偶然に」営業成績を上げた営業担当を高く評価して良いのでしょうか？

また、せっかくAさんが手間暇掛けて種まきをしてきたのに、異動などで担当が変わり、それを刈り取った後任のBさんの手柄になる、ということもあるかもしれません。「売上」で評価すると、Aさんが全く報われませんがそれで良いのでしょうか？

「種まき」が評価されず、刈り取り（売上）ばかりが評価されると、誰も「種まき」をしなくなります。私はこれを「種まき問題」と呼んでいます。

「売上」を評価指標として使うと、このような運不運の問題が出てきてしまいます。

ですから、**評価すべきはお客様の「あなたから買いたい」を作っているかどうか**、です。

つまり、**「行動量指標」や「反応量指標」を評価に使えば良い**のです。

ここまで見てきた通り、行動量指標・反応量指標はそれぞれ

> ・**行動量指標（KPI）**：お客様の「買いたい」を作った自社の行動量（＝行動の進捗指標）
> ・**反応量指標（KPI）**：行動の結果としてのお客様の「買いたい」という反応量（＝ゴール達成の進捗指標）

という数字です。こちらには運不運はありません。「買いたいを作る行動」をした分だけ評価されます。

　そして、この２つの数字が上がれば、お客様の「買いたい」が生まれ、売上につながります。ですから、評価指標としては行動量指標または反応量指標だけを追えば十分です。

　売上を評価指標とするのはある程度やむを得ないとしても、この２つの指標は「売上」と同等以上の重みを置いて評価すべき項目だと考えます。

　少なくとも、行動量指標・反応量指標を上げている人を何らかの形で「褒めてあげる」ような制度は必要です。

　一方で、**売上も追う必要があります。それは、「評価」を目的としてではなく、本当にその「急所」と「買いたいを作る行動」が売上につながっているか（「買いたいを作る行動」が本当に「適切」か）、をチェックするためです。**

　行動量指標・反応量指標の数字が上がっているにもかかわらず、売上が減っている、というようなことであれば、戦略そのものを再度チェックする必要があります。

営業の場合は、行動量指標・反応量指標という「買いたい」で評価することが比較的やりやすいです。

　例えば、顧客に「自社商品・サービスを試していただいた件数」を計測することはできます。

　商品開発担当者などの場合には、工夫が必要です。

　例えば、ある商品開発者が、既存商品を改善（例えば新機能を付けた、使いやすくした、など）した新商品Ｘを出して、ヒットしたとします。しかし、それを全てその商品開発者の手柄にして良いのでしょうか？

　ひょっとしたら「営業が頑張っただけで、商品改善は全く関係なかった」ということもありえます。

　このような場合、その新商品Ｘを買われた方に対して調査やヒアリングをするなどして、その商品改善が購買の際にどれだけ「買いたい」に貢献したか、を確認すれば良いのです。

　その商品改善が大きなインパクトを持っていれば、すなわちその商品改善が「急所」としてお客様の「買いたい」を作れていれば、その商品のヒットは商品開発者の手柄、ということになります。

　「人事評価のためにそこまでの手間はかけられない」というご意見もあるかと思いますが、これは人事評価のためではなく、「顧客の意見を聞く」ために必要なことでもあります。

　ある点を改善した新商品を出したら、その改善が正しかったかどうかは、人事評価とは別にしても、お客様に確認すべきだと思います。

商品開発の場合でも営業の場合でも、やり方次第で「買いたい」を作れたかどうかの確認はできるはずです。

「せ・す・じ・評価」を回す AOKIの「カリスマ店長」

ここまで、せ・す・じ・評価の回し方を見てきました。この項の最後に、せ・す・じ・評価をうまく回している公開事例を紹介します。

戦略実行サイクルの回し方のような事例は、私のお客様の事例は守秘義務で出せませんし、公開事例も少ないので、ありがたく使わせていただきます。

日経MJに掲載されていた、紳士服のAOKIの「カリスマ店長」の事例です。

『2015年10月に改装開業した紳士服店「AOKI秋葉原店」（東京・千代田）』『激戦区にある重要店舗のかじ取りを担うのが店長の溝上徳啓さん（35）だ。溝上さんの強みはリピーターを生む接客術にある』（2018/4/2、日経MJ、5ページ）

この方は接客に強みを持つ店長で、彼が店長を務める店は売上が伸びます。社内でも高く評価されている人材です。

『売り上げを伸ばした店長を表彰する「優秀経営大賞」を16、17年と2年連続で受賞。個人としても、顧客アンケートで「良い」という評価が最も多かった店員が選ばれる「顧客満足大賞」を3年連続で受賞している』（2018/4/2、日経MJ、5ページ）

この方は売上を伸ばす店長として表彰されています。そして重要なのは、「顧客満足」でも非常に高い評価を得ていることです。**お客様が高い評価を与える接客が、「売上」（＝買いたい）を実現している**ということがわかります。

では、この「カリスマ店長」の「せ・す・じ・評価」の回し方を確認していきます。まずは「戦略」と「数字」から見ていきましょう。

『店舗のかじ取りを担うなか、溝上さんが最も重視する指標は顧客の再来店率だ。「短期的な売り上げよりも、いかにAOKIに長く通ってもらうかが大切」という』（2018/4/2、日経MJ、5ページ）

①せ：戦略

「せ：戦略」は、「丁寧な接客」によるリピート獲得です。

「顧客」については明記されていませんが、AOKIでスーツを買うビジネスパーソンですね。

「強み」は、「丁寧な接客」です。「丁寧な接客」は粗い表現ですので、具体化する必要があります。それについては後ほど見ていきます。

②す：数字

「す：数字」は、「再来店率」です。

「再来店率」は結果である「売上」に近いゴール指標ですので、

本来は「丁寧な接客に対する好意度」のような指標の方が望ましいです。しかし、それを計測するのは難しいので「再来店率」で代用しているのだと思われます。

　今回、「再来店率」という「結果」に近い数字でも機能しているのは、このカリスマ店長がご自身でも極めて高い「顧客満足」を実現しているからだと思われます。

「顧客満足」→「再来店」→「リピーター獲得」→「売上アップ」という「買いたい」作りの実行プロセスをご自身の中でお持ちなのでしょう。

　これで「急所」と「買いたいを作る行動」がわかりました。

- 急所：AOKIの「丁寧な接客」を実感してもらえばお客様が再来店する
- 買いたいを作る行動：お客様が好印象を持ち、再来店するような「丁寧な接客」をする

　この戦略の前提として、AOKIの競合である他のスーツ店との「モノ」（スーツそのもの）での差別化は困難、ということがあるでしょう。スーツの差は多少あるにしても、明確な差を作るのは難しいです。また、どこかが強みのある商品を出しても、他社もすぐにマネしてきます。

　「モノ」で差別化できなければ、「接客」が「あなたから買いたい」を作る要因となるわけです。そこで「丁寧な接客」という強みを作る、という戦略ですね。

では、具体的にどんな「丁寧な接客」をしているのでしょうか？

『そのひとつは「1人の顧客に対し、3人以上で接客する」というアイデアだ。商品の案内や会計、会計待ちの間のお茶出しなど、それぞれのタイミングで複数のスタッフが顧客に対応する。顧客には「丁寧な接客をしてもらえた」というイメージが残り、店舗全体の印象がよくなり、再来店につながる』(2018/4/2、日経MJ、5ページ)

この、1人のお客様に対し3人以上のスタッフで接客する、というのが「丁寧な接客」であり、「買いたいを作る行動」です。

③じ：実行

「じ：実行」は、「1人のお客様に対し3人以上のスタッフで接客する」などの「丁寧な接客」を実行する、ということになります。

それにより、『顧客には「丁寧な接客をしてもらえた」というイメージが残り、店舗全体の印象がよくな』るというお客様からの「反応」が得られるわけです。

本来は、このようなお客様の『「丁寧な接客をしてもらえた」というイメージ』が「反応量指標」となりますが、先ほども申し上げた通り、これは測定が難しいので「再来店率」で代用しているのでしょう。

「丁寧な接客」という粗っぽい言葉ではなく「1人のお客様に対し3人以上のスタッフで接客する」という「具体的な行動」になっていることがわかります。

「丁寧な接客をしろ!」と言われても行動に落とせませんが、「1人のお客様に対し3人以上のスタッフで接客する」は行動に落とせます。

KPIとして、「3人以上のスタッフで接客できたお客様の割合」を使う、という手もありそうです。これなら、「行動量指標」として計測しやすいはずですね。

④評価

では最後に「評価」はどうしているのでしょうか?

まず、「売上」で評価していません。それは「売上」で評価することのデメリットが非常に大きいからです。

『そのため、販売員一人ひとりの売り上げについては一切、評価基準にしない。「必死に売ろうという接客はお客様に伝わってしまい、二度と来てもらえなくなる」からだ。店頭では販売員の接客姿勢をチェックする。結果は売り上げに結びつかなくても、顧客に好印象を持ってもらうことができれば、再来店につながる』(2018/4/2、日経MJ、5ページ)

『販売員一人ひとりの売り上げについては一切、評価基準にしない。「必死に売ろうという接客はお客様に伝わってしまい、二度と来てもらえなくなる」からだ』というところが重要です。

「売上」を追うと、「お客様に嫌われる売り込み」をしてしまうのです。すると、むしろ売上が減る、ということですね。売上を追うと売上が減るのです。

　「売上」を追うのではなく、「またこの店に来たい」という「買いたい作り」を追う方が重要、とわかっていらっしゃるのです。

　『顧客に好印象を持ってもらうことができれば、再来店につながる』という部分が「急所」になっていることがわかります。

　そして、その「再来店率」という数字で従業員の行動を評価していきます。

　『再来店率を重視するからこそ、店内の雰囲気づくりにも心を配る。再来店率の数字を販売員に伝えることでやる気を引き出し、一つ一つの行動に評価の声をかける』（2018/4/2、日経MJ、5ページ）

　「再来店率」という「追うべき指標」を共有し、それに基づいてスタッフの行動を評価している、ということですね。

　ここまでをまとめると、以下のようになります。

- **急所**：AOKIの「丁寧な接客」を実感してもらえばお客様が再来店する
- **買いたいを作る行動**：お客様が好印象を持ち、再来店するような「丁寧な接客」（1人のお客様を3人で接客）をする
- **追うべき指標**：再来店率＝「丁寧な接客に対する好意度」の代替指標

　　　　・・・・・・・・・・・

・**せ：戦略**──「丁寧な接客」によるリピート獲得
・**す：数字**──追うべき指標＝KPI＝「再来店率」
・**じ：実行**──1人のお客様を3人で接客、など
・**評価**──スタッフの1つ1つの行動に評価の声をかける

　全体として見事に一貫しており、戦略実行サイクルがきちんと回っていることがわかります。だからこそ、毎年表彰されるような成績を残しているわけです。

　何より、「**売上を追わない**」ことで、**売上を上げている**、というのが素晴らしいです。売上を追うとそれがお客様に伝わり、「買いたい」を作れないどころが、二度と来なくなります。そうではなく、**丁寧な接客で「あなたから買いたい」を作ることで再来店率が高まり、結果として「売上」が上がる**わけです。

　次ページの図のような「せ・す・じ・評価」をきちんと回し、成果を上げている好例だと思います。
　コンスタントに成績をあげられる「カリスマ店長」は、突飛なことをしているわけではなく、セオリー通りにすべきことをしているからこそ成績を上げ続けられる、ということがわかりますね。

　前述の、私が130名の経営者や営業マネージャーの方々に行ったアンケートで「改善サイクルが回り、組織知も蓄積できている」とご回答されたのはわずか11名（8.5％）です。これはまさに「戦略実行サイクル」をうまく回せている組織ということですが、それは全体の1割にも満たないのです。
　そして、この11名の方々のうち9名（82％）の方が、「売上

が増加傾向にある」とお答えになっています。全体の中で「売上が増加傾向にある」というご回答は42％でしたので、それと比べると圧倒的に高い比率です。

　ですから、「戦略実行サイクル」をうまく回せている組織は、そうでない組織と比べて売上を上げられている、ということになります。

　サンプル数は少ないですが、240ページの『小規模企業白書』の調査結果（戦略を回せている会社は売上・利益の増加率が高い）とも一致します。

　「戦略実行サイクル」を回すことが業績を上げるカギになるのです。そして、その中核にあるのが、ＫＰＩという「追うべき指標」なのです。

AOKIのカリスマ店長のせ・す・じ・評価

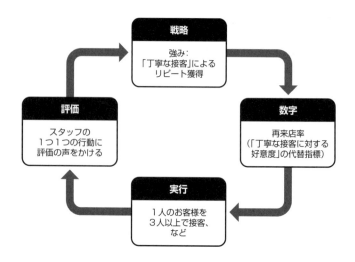

総まとめ：
適切な指標を中核として、戦略を「回す」

お疲れ様でした！　ここまでお読みいただき、ありがとうございました。

では、最後に総まとめをさせていただきます。

第1章では、「売上」を決めるのはお客様の「あなたから買いたい」だから、売上を上げるためには「あなたから買いたい」を作るべき、ということを見てきました。

第2章では、売上を決めるのは「あなたから買いたい」だから、売上を追うのではなく、「あなたから買いたい」を作るような指標を追う、ということを見てきました。それが本書の中心テーマであるKPIです。そして、その具体的な方法論としての「急所」の考え方を見てきました。

第3章では、「急所」とは戦略を徹底的に具体化したものであること、そしてその「戦略」の考え方である戦略BASiCSを見てきました。

第4章では、「急所」はお客様が「あなたから買いたい」と思う意思決定プロセスのどこかにあること、そしてその意思決定プロセスであるマインドフローについて見てきました。

第5章では、「急所」のパターンと、急所が決めるＫＰＩについて見てきました。

　そして第6章では、総まとめとして、「戦略を回す」すなわち「追うべき指標」としてのＫＰＩを追いかけることで、「戦略を実行し、改善し、効果を高めていく」という戦略実行サイクルの「回し方」を考えてきました。

■ 変化に合わせて変える「回す仕組み」

　状況が変われば、「戦略」が変わりますから、「急所」も変わっていきます。
　例えば、「強み」がない状態では、「急所」は「強みを作る」ことになるかもしれません。しかし、「強みを作り終えた後」になると、「強みを伝え切る」方が急所になる、ということもありえます。

　また、2020年初頭から大騒ぎになったコロナ下では、色々なことが変わりました。
　例えば、「人と会う」ことが難しくなりました。すると、「人と会う」ことを前提とした戦略が「急所」だった会社は、変革を強いられることになります。
　ですから、「戦略」と「急所」を絶えず更新し続けていくことが重要になってきます。

　ただ、**あくまでも基本は、お客様の「あなたから買いたい」**

を作り、それをお客様に「伝え切る」という「適切な努力」を続けていくことです。それ以外に売上を上げる方法はないのです。

▌最後に……
「回す仕組み」が本当の競争力

いまや、思いがけない「重大事件」がいきなり起きるような時代となりました。

ここで、最近起きた大事件を振り返ってみましょう。

- 2001年9月：アメリカ同時多発テロ事件
- 2008年9月：リーマンショック
- 2011年3月：東日本大震災
- 2020年初め：新型コロナウイルスの流行
- 2022年2月：ロシアによるウクライナ侵攻

2001年からわずか20年の間に、これだけ劇的なことが起きています。東日本大震災は「千年に一度」と言われましたが、新型コロナウイルスもまたすごいことです。

そして、なんと令和の時代に、国連の常任理事国による大規模な戦争が起きました（2023年8月時点で継続中です）。

20年で5回、平均で4年に1回、このようなビジネス環境を劇的に変えてしまうような出来事が現実に起きているんです。これらの事件は、ほとんど予見不可能なことです。

2001年からあと10年戻りますと、バブル崩壊は1992年ごろ。それも劇的な出来事でした。

これらの「平均して4年に1回起きる大変化」に耐えられるような会社や組織を作ることが「現実」として必要なんです。

　今は、「絶対的な強み」のようなものを作るのは難しい、という時代になったのです。

　例えば、ある技術さえ持っていれば勝てる、というような時代ではなくなりました。コロナ下ではコンテナ不足、半導体不足、などの予想できなかった事態が起きました。ある技術のベースとなっている原材料が突然調達不可能になったりする時代なのです。

　次々に色々なことが変わっていく今、戦略を常に練り、そのときどきにあった強みを作り出していく、というような経営方法が重要になりました。

　こんな現代で勝負を決めるのが、「戦略実行サイクル」を回す力です。

　次々に起きていく変化に対し、戦略→数字→実行→評価を回し続けて対応していく、という「戦略実行サイクルを回す力」が競争力の中核となる時代になったんです。

　2020年ごろからのコロナ下では、多くの企業の売上が減少しましたが、そんな苦境下でも売上を回復させた企業はあります。

　コロナ下で、「売上高回復企業」＝「感染症の影響により売上高が減少した後、大きく回復させた企業」について、2021年版の『中小企業白書』が調べています。

調査したのは、「感染症流行後の経営計画に対する見直し状況別に見た、売上高回復企業の割合（第2-1-92図）＊」です。

＊ https://www.chusho.meti.go.jp/pamflet/hakusyo/2021/chusho/b2_1_3.html

- 見直した上で計画を実行している：46.8％
- 見直しており、これから計画を実行する：36.7％
- 今後見直す予定：34.7％

ここでも、経営計画をきちんと見直して計画を実行している会社、すなわち戦略を回している会社は、コロナ下で売上が減っても売上高を回復できている割合が高い、ということがわかります。

すなわち、**「戦略実行サイクルを回している会社」は、コロナ下で売上が減っても、回復できる企業が多かった、ということが数字で示された**のです。経営に一大事をもたらすような重大事件があっても、「戦略実行サイクルを回す力」があれば、回復できるわけです。

本書では、そのための基本的な考え方を紹介してきました。色々なことを申し上げてきたように見えて、実は次のことしか言っていません。

> ・売上はお客様の「あなたから買いたい」の結果だから、「売上」ではなく「買いたい」を作ることだけを考える
> ・お客様の「あなたから買いたい」を作るのは「急所」に刺さる「買いたいを作る行動」。それを数値化したものが

「追うべき指標」すなわちＫＰＩとなる
・「急所」と「買いたいを作る行動」の実行量を増やすため、「追うべき指標」としてのＫＰＩを追いかける仕組みを作る
・戦略実行サイクルを回し、「戦略」「急所」を練り直し、改善・実行していく

これが、これからの経営に求められていることなんです。

ただし、決して簡単なことではありません。私自身も、このサイクルを回すことに悪戦苦闘している毎日です。

ですから、少しずつでも進めていけば、少しずつでも「戦略実行サイクル」を回していけば、ライバルより先に行ける、ということです。１歩ずつでもいいので、ぜひ実践していきましょう‼

そして、本当に最後に……、紹介させていただきたいデータが１つあります。

2022年版の『中小企業白書』に出ていたデータです。調査したのは、「**学習内容の実践状況別、売上高増加率**（第2-2-120図）＊」です。

＊ https://www.chusho.meti.go.jp/pamflet/hakusyo/2022/chusho/b2_2_3.html

●学習で得た内容をすぐに経営・業務で実践している：7.7%
●学習で得た内容をすぐに経営・業務で実践していない：2.6%

つまり、**経営者が学んだことを実践されている企業の「売上高増加率」は、そうでない企業の３倍も高い**んです！

やはり「実践」が大事なんです。

ここまでお読みいただいたあなたは、「買いたい」を作り、「売上」に変えていく方法を手に入れられました。

もうあとは「実践」あるのみ、です。ぜひ一緒に頑張っていきましょう！

謝辞

　最後に、謝辞を述べさせていただきたいと思います。

　本書は、色々な方のご協力のもとに結実しました。

　まずは、ここまで紹介させていただいた事例を実践し、かつ公開していただいた方々。本書では客観性を保つために基本的に「公開事例」を使わせていただいています。素晴らしい実践をされた方々、及びそれを取り上げてくださったメディアの方々に感謝を申し上げます。

　また、本書で取り上げさせていただいた、私のアンケートにご回答いただいた方々にも感謝を捧げます。大変ありがたい示唆となりました。

　そして本書の出版社、朝日新聞出版の喜多豊様。本書の構想が具体的に動き始めたのは2019年ごろだったと記憶しています。本書は、現時点での私の「集大成」のような内容で、それゆえに理論や事例の体系化、データ集めなどにだいぶ時間がかかってしまいました。その間も粘り強く催促を重ねていただき、ようやくここに完成に至りました。喜多氏のご尽力なしには本書は生まれませんでした。本当にありがとうございました。

　次に、私のメルマガ「売れたま！」の２万人を超える読者の方々。本書の内容は、売れたま！の発行を通じて体系化されてきました。2019年末からの「年末年始特別号：購買の急所を探せ！」などがそれに当たります。それに対するフィードバックなどは大変ありがたいものでした。

また、落合健太氏、伊藤健氏、富山雄太氏、尾作慶一氏、森谷洋州氏をはじめとする多くの方々には、試読や校正をお手伝いいただき、ありがとうございました。ここに感謝申し上げます。

　ここでお名前をあげられなかった多くの方々にも、大変貴重なアドバイスや示唆をいただきました。ありがとうございました。

　私の家族にも感謝を捧げます。本書の執筆はかなりの難産で、執筆中はなかなか家族との時間が取れませんでした。妻の恵子は、家事のほとんどを担い、子育ても熱心にしてくれて、いくら感謝しても足りません。そして娘の好美。もっと一緒に遊んだりしたかったけど、なかなか時間がとれず、ごめんね。そうこうするうちに受験勉強が忙しくなってしまったね。

　そして私の両親。本書の特徴の1つが、膨大な事例の論理化・体系化であり、それはまさに私の得意中の得意分野なのですが、そのように育てていただいて、本当にありがとうございました。

　最後になってしまって恐縮ですが、読者のあなた。最後の最後までお読みいただき、本当にありがとうございます。

　本書が、あなたの「急所」に刺さったことを祈って、ペンを置かせていただきます。

2023年8月　佐藤義典

著者略歴

佐藤義典（さとう・よしのり）

コンサルティング会社、ストラテジー＆タクティクス株式会社代表取締役社長。米国ペンシルバニア大ウォートン校MBA（2022年 Financial Times紙MBAランキング世界1位。経営戦略、マーケティング専攻）。中小企業診断士。大手通信会社でマーケティング・営業を経験した後、外資系メーカーのブランド責任者、外資系エージェンシーの営業ヘッド、コンサルティングヘッドを歴任。実戦的で効果の高いコンサルティングには定評がある。豊富な現場経験と理論体系に基づく企業研修（経営戦略、マーケティングなど）はわかりやすく実戦的と好評でリピート率が極めて高い。2万人超が購読する無料メルマガ「売れたま！」（https://uretama.com）の発行者としても活躍中。

主な著書に、『図解 実戦マーケティング戦略』『マーケティング戦略実行チェック99』『実戦マーケティング思考』『実戦BtoBマーケティング』『実戦 顧客倍増マーケティング戦略』『実戦 商品開発マーケティング戦略』『弱みで勝つ！マーケティング戦略』（以上、日本能率協会マネジメントセンター）、『お客さまには「うれしさ」を売りなさい』『ドリルを売るには穴を売れ』（以上、青春出版社）、『白いネコは何をくれた?』（フォレスト出版）、『経営戦略立案シナリオ』（かんき出版）、『経営のすべてを顧客視点で貫く《社長の最強武器》戦略BASiCS』（日本経営合理化協会出版局）などがある。

著者のコンサルティングや研修の詳細はこちら
➡ **www.sandt.co.jp**

マーケティング戦略を無料で学べる週２回のマーケティングメルマガ「売れたま！」のご登録はこちら
➡ **uretama.com**

顧客の「買いたい」をつくる
KPIマーケティング

2023年9月30日 第1刷発行
2024年6月30日 第2刷発行

著　者　佐藤義典

発行者　宇都宮健太朗

発行所　朝日新聞出版

〒104-8011 東京都中央区築地5-3-2

電　話　03-5541-8814（編集）03-5540-7793（販売）

印刷所　大日本印刷株式会社